LA MORALE A L'ÉCOLE

365 MAXIMES ET PENSÉES

AVEC COMMENTAIRES

POITIERS. — TYPOGRAPHIE OUDIN ET Cⁱᵉ

LA
MORALE A L'ÉCOLE

365 MAXIMES ET PENSÉES

AVEC COMMENTAIRES

PAR

<table>
<tr><td>Th. BECK
DIRECTEUR
DE L'ÉCOLE ALSACIENNE</td><td>F. BRAEUNIG
SOUS-DIRECTEUR
DE L'ÉCOLE ALSACIENNE</td></tr>
</table>

PARIS

LECÈNE, OUDIN ET Cie, ÉDITEURS

15, RUE DE CLUNY, 15

1895

PRÉFACE

Ce travail a été composé à l'occasion du concours
ouvert par la « Correspondance générale de l'enseignement primaire. » Il s'agissait d'un « Recueil
de maximes morales » que le maître ou la maîtresse
lirait et commenterait une à une, au commence-
ment ou à la fin de chaque classe. Ce serait, a dit
l'institutrice qui en avait eu l'idée, « un moyen
précieux pour faire de l'enseignement moral une
réalité vivante. »

Notre manuscrit a été favorablement accueilli
par le jury qui l'a jugé digne d'une « mention très
honorable.» Encouragés par cette appréciation, nous
avons décidé de le publier ; en le faisant, nous
espérons nous rendre utiles à la jeunesse scolaire
qui demain sera la France.

Nous pensons que ce volume, dont la disposition
typographique a été préparée avec le plus grand
soin, rendra service aux maîtres et aux maîtresses

qui développeront les maximes et les pensées à l'aide des commentaires que nous avons cru devoir ajouter, et aux élèves qui pourront le considérer comme une précieuse direction, même quand ils auront quitté l'école.

Une table analytique permet aux uns et aux autres de trouver immédiatement une pensée en rapport avec l'ordre d'idées qu'ils voudront traiter ou méditer.

Pour le choix de ces maximes et pensées, aussi bien que pour la rédaction des commentaires, nous nous sommes pénétrés des instructions officielles concernant l'enseignement moral laïque, son but, l'esprit qui doit l'animer et les limites qui lui sont posées. Nous avons cherché à éveiller dans l'âme de l'enfant ou du lecteur le sentiment du respect, de l'honneur, de la dignité et de la responsabilité personnelles et à lui inspirer l'amour du travail et du devoir, le dévouement, le culte de la famille et de la patrie.

Il s'agit, en effet, de joindre à l'instruction cette éducation morale qui préoccupe à juste titre ceux qui dirigent l'enseignement des enfants du peuple français. Ils pensent que, pour améliorer la société, il faut améliorer l'individu et que le progrès général dépend du progrès individuel. Ils font œuvre de vrai patriotisme et nous serions trop heureux de seconder en quelque mesure leurs généreux efforts.

L'instruction est certes un élément de moralisation, mais elle ne suffit pas ; la mission du maître s'étend plus loin. Il doit enraciner et fortifier dans l'âme de ses élèves, en les faisant passer dans la pratique quotidienne, les notions essentielles de la morale, notions communes à tous les hommes civilisés. Il ne se substitue ni au ministre de la religion ni au père de famille, mais il doit joindre ses efforts aux leurs pour faire de chaque enfant une brave femme ou un honnête homme. Il peut remplir cette mission, disent les instructions que nous rappelons, sans avoir à faire personnellement adhésion ou opposition à aucun des divers enseignements confessionnels que reçoivent les enfants. Plus tard ceux-ci pourront être séparés par les doctrines, mais ils seront d'accord pour placer le but de la vie aussi haut que possible, pour avoir la même horreur de ce qui est bas et vil, la même admiration de ce qui est noble et généreux, pour marcher à la poursuite du même idéal.

D'autre part, le maître doit éviter avec le plus grand soin tout ce qui, dans son langage ou dans son attitude, pourrait blesser les croyances reli=

gieuses des enfants confiés à ses soins, tout ce qui trahirait de sa part, envers une opinion quelconque, un manque de respect ou de réserve.

Le maître et la maîtresse enfin ne devront pas oublier que l'éducation morale de leurs élèves se ressent essentiellement de l'exemple qu'ils donnent eux-mêmes. Ils se rediront donc chaque jour ces paroles d'un pédagogue expérimenté :

> Soyez ce que les enfants doivent être,
> Faites ce qu'ils doivent faire,
> Evitez ce qu'ils doivent éviter.

A ce prix l'instituteur fera vraiment œuvre d'éducation.

LES AUTEURS.

LA MORALE A L'ÉCOLE

PENSÉES ET MAXIMES.

> Soyez ce que les enfants doivent être.
> Faites ce qu'ils doivent faire,
> Evitez ce qu'ils doivent éviter.
> (GAUTHEY.)

1. — Celui qui apprend les règles de la sagesse sans y conformer sa vie, est semblable à un homme qui labourerait son champ et ne l'ensemencerait pas.

(Proverbe persan.)

Ne serait-il pas insensé de labourer un champ et de négli-
ger d'y répandre la graine qui doit produire le fruit ?
Il n'est pas moins insensé d'apprendre les règles d'une
bonne conduite et de se conduire mal.
Le tout est de bien agir; nous valons ce que valent nos
actes.

2. — La première chose que vous devez apprendre, c'est à ne pas vous agenouiller devant le succès. Le plus grand besoin de notre pays, c'est qu'on lui prépare des enfants nourris dans un sentiment de fière

indépendance vis-à-vis de tout ce qui n'est pas la justice et la vérité parfaites.

F. Buisson.

> L'auteur parle du succès obtenu par des manœuvres plus ou moins indélicates ou malhonnêtes.
> Gardez-vous du contact avec les gens peu scrupuleux, gardez-vous surtout de ceux qui « s'agenouillent devant le succès » parce que c'est le succès. Ils sacrifient leur dignité et leur indépendance ; ils consentent à être des valets, des esclaves. Sans doute, nous dépendons des hommes et des circonstances ; mais pour ce qui est bien, juste et vrai, nous ne devons dépendre de rien ni de personne. C'est là notre gloire et notre grandeur, la gloire et la grandeur de notre pays.

3. — Jeune insensé ! S'il te reste au fond du cœur le moindre sentiment de vertu, viens, que je t'apprenne à aimer la vie. Chaque fois que tu seras tenté d'en sortir, dis en toi-même : Que je fasse encore une bonne action avant que de mourir !

Puis, va chercher quelque indigent à secourir, quelque infortune à consoler, quelque opprimé à défendre. Si cette considération te retient aujourd'hui, elle te retiendra encore demain, après-demain, toute la vie. Si elle ne te retient pas, tu n'es qu'un méchant.

J.-J. Rousseau.

4. — Petits bateaux doivent suivre le rivage.

> Les barques ne peuvent tenir tête aux forts courants. Pour cette raison, et d'autres encore, elles ne doivent pas s'éloigner du rivage où elles sont sûres de trouver un abri.

Cette maxime doit être méditée par ceux qui entreprennent volontiers des travaux au-dessus de leurs forces, qui se laissent tenter par des spéculations dangereuses, qui voudraient voler plus haut qu'ils ne peuvent, qui nourrissent des ambitions exagérées.

***

5. — De l'eau et quelques herbes gagnées par le travail valent mieux que le pain et le chevreau donnés par le chef de la tribu.

(Maxime orientale.)

Il y a plus de dignité et de satisfaction à gagner sa vie péniblement, qu'à accepter des secours qui seraient des aumônes déguisées. Nous ne jouissons réellement que de ce que nous avons conquis par le travail, et cette jouissance est d'autant plus vive que le travail a été plus pénible.

***

6. — Les bonnes lectures sont l'unique défense de la jeune fille contre les vaines imaginations qui la sollicitent.

G. Sand.

Elles sont, du moins, une de ses meilleures défenses. D'une part, en effet, les bonnes lectures, en sollicitant l'attention, détournent son esprit des vagues rêveries qui guettent la jeune fille oisive et qui peu à peu émoussent la fraîcheur et la force de ses sentiments. D'autre part, elles la nourrissent de pensées saines et réconfortantes, activent ses forces morales et la mettent à l'abri de bien des dangers.

***

7. — Toutes les choses que vous voulez que les hommes vous fassent, faites-les-leur aussi de même.

(La Bible.)

Ceci est la règle de conduite suprême. On peut l'appliquer dès l'enfance. Demandez-vous souvent : Si j'étais à la place de mon ami ou à la place de cette personne, quel serait mon désir? Puis faites comme vous voudriez qu'on vous fît.

Si vous trouvez l'occasion de vous rendre agréable ou utile, n'hésitez pas un instant, dans la pensée qu'il vous serait très doux de recevoir la pareille.

8. — Soyons bons et nous serons heureux.

Vauvenargues.

Les hommes bons sont comparables à des foyers qui répandent autour d'eux lumière et chaleur. Qu'y a-t-il de meilleur qu'un feu gai autour duquel on se rassemble pour causer ou travailler ? Or, la bonté attire comme le foyer ; on ne peut s'empêcher d'aimer une bonne physionomie, un bon cœur. La bonté a le sourire sur les lèvres pour dérider les fronts soucieux, les bras ouverts pour accueillir les affligés.

La bonté trouve son bonheur en elle-même, en consolant, en égayant les autres ; mais, d'autre part, elle se fait aimer de tous et, par conséquent, est un élément essentiel du bonheur. La bonté est, en définitive, la forme la plus simple du dévouement, de la charité, de l'amour.

9. — Se lever et se coucher de bonne heure amène santé et sagesse.

Benjamin Franklin.

Cette pratique hygiénique donne la santé, parce que le travail du matin fatigue moins que celui du soir, et que le sommeil du soir est plus réparateur que celui du matin.

Elle donne la sagesse, parce que celui qui prend l'habitude de se coucher de bonne heure échappe, par cela même, à bien des tentations et à bien des plaisirs dangereux.

10. — **Il y a** une espèce de plaisirs qui ne laissent ni lassitude ni remords : ce sont ceux qu'on fait aux autres.

Mazon.

Certains plaisirs laissent après eux la lassitude du corps et de l'esprit, quelquefois le dégoût et le remords. On se dit qu'on aurait dû mieux employer son temps, qu'on eût pu s'amuser mieux ; heureux quand on n'a pas de reproches plus graves à s'adresser !

Notre maxime nous recommande des plaisirs qui ne « laissent ni lassitude ni remords », qui sont suivis au contraire d'une grande satisfaction. Il s'agit du plaisir qu'on éprouve à faire plaisir à autrui. Les natures grossières ou égoïstes ne le connaissent pas.

Essayez de goûter ce plaisir, mes amis ; vous éprouverez les jouissances les plus élevées ; vous grandirez aux yeux des autres et à vos propres yeux.

Pour commencer, faites plaisir à vos parents et à vos maîtres, à vos frères et sœurs ; vous en serez largement récompensés.

11. — **Nous sommes** tous dans ce monde pour être contents, et non pour être à notre aise, au large et sans limites ; le contentement, terme relatif, est le vrai nom du bonheur.

A. Vinet.

Le mot contentement est « un terme relatif », c'est-à-dire qu'il ne s'applique pas à un degré déterminé de bien-être ou de fortune. Tel qui a juste de quoi nourrir les siens et payer son loyer peut être content ; tel autre qui vit largement de ses rentes peut ne pas l'être; celui-là seul est heureux qui porte le contentement au fond de son cœur. « Contentement passe richesse. »

* *

12. — Toute notre dignité consiste en la pensée.

Travaillons à bien penser : voilà le principe de la morale.

Pascal.

Les pensées déterminent nos paroles et nos actions. Pour parler et agir dignement, il faut donc que nos pensées soient dignes et pures; c'est elles qu'il faut surveiller tout d'abord.

* *

13. — Extrême sévérité pour soi-même, extrême réserve à juger le prochain : voilà ce que nous devons enseigner.

Caroline de Barrau.

Soyons très exigeants pour nous-mêmes, afin que les autres aient moins souvent occasion d'être sévères pour nous. Mais observons une extrême réserve à juger notre prochain ; nous ne savons jamais exactement dans quelles circonstances particulières il se trouve placé, quels motifs le font agir, avec quelles difficultés il est obligé de compter. D'ailleurs, chacun est responsable pour son propre compte, et cette responsabilité personnelle a de quoi nous suffire.

Voilà ce que chacun de nous doit enseigner par l'exemple, comme l'a fait Madame Caroline de Barrau, une des fondatrices de l'œuvre du « Sauvetage de l'enfance ».

* *

14. — Rien n'est impossible : il y a des voies qui

conduisent à toutes choses, et si nous avions assez de volonté, nous aurions toujours assez de moyens.

La Rochefoucauld.

Les moyens d'arriver ne manquent pas; c'est la volonté de se servir de ces moyens qui fait défaut. Quand on veut, on peut; mais vouloir fermement implique un effort. Faites cet effort: vous vous corrigerez de vos défauts quels qu'ils soient, vous acquerrez les qualités que vous voudrez. Quel que soit le milieu où nous nous trouvons, nous pouvons nous relever après une défaite. Quelle que soit notre paresse, nous pouvons la vaincre ainsi que nos mauvais penchants. Le tout est de le vouloir fermement, énergiquement.

15. — Je suis plus vieux d'un jour: en quoi suis-
[je plus sage?
Quel bien ai-je produit? quel mal ai-je évité?
Du jour qui vient de fuir ai-je fait bon usage,
Et puis-je m'endormir avec tranquillité?

La jeunesse, elle aussi, doit songer à la fuite rapide du temps. Jeunes gens et jeunes filles, les heures vous semblent souvent longues: rappelez-vous qu'une fois envolées, elles ne reviennent pas! Dites-vous que telle parole, même rapide, que telle action de quelques minutes à peine, peut troubler votre vie entière.
Faites donc tous les soirs un sérieux examen de conscience, et si vous pouvez encore réparer une faute avant de vous endormir, n'hésitez pas à le faire. Votre sommeil n'en sera que plus léger et le réveil plus doux.

16. — La fausseté est la bassesse même, le trait le plus certain du mauvais caractère. Elle annonce ou fait

craindre tous les vices ; car savoir tout cacher mène à
tout se permettre.

H. Marion.

> Amis, gardez-vous de la dissimulation et de la fausseté
> comme de la peste ; ne soyez pas de ceux qui, à moins
> d'effronterie, ne peuvent regarder les autres en
> face. Si vous étiez atteints de ces défauts, luttez pour
> vous en corriger.
> Vous avez peut-être été trompés déjà sur la valeur d'une
> pièce d'argent. Qu'avez-vous éprouvé quand le mar-
> chand vous a dit : cette pièce n'est pas d'argent, elle est
> de plomb, elle est fausse, elle ne vaut rien !
> Voudriez-vous jamais passer pour une pièce fausse ?

* *

17. — **Enfants**, vous pouvez faire beaucoup pour le
relèvement et la grandeur de la patrie. Vous êtes son
espoir, c'est en vos mains qu'est son avenir ; c'est vous
qui, dans quelques années, allez diriger ses destinées.
Ah ! si nous étions très sûrs que vous êtes des travailleurs, des enfants soumis, obéissants, animés de nobles
ambitions, des enfants qui s'instruisent, quelle confiance nous aurions dans l'avenir de la France !

A. Decoppet.

> Quand il s'agit d'un devoir à remplir, ne dites pas : « Je
> suis trop petit, trop insignifiant, on saura bien se passer
> de moi ! » Si, lorsqu'on sème du blé, chaque grain se
> disait : « Je n'ai pas besoin de pousser, je suis si petit
> qu'on ne remarquera pas mon absence dans la masse »,
> où prendrions-nous le pain ? Si chaque goutte de votre
> sang tenait un langage analogue, comment vivriez-
> vous ?
> Que chacun, si petit, si pauvre qu'il soit, fasse son devoir
> de brave enfant, il deviendra un brave homme ou une

brave femme pour le bien de la famille et de la patrie. La patrie ne se compose-t-elle pas de petits enfants devenus grands ? Le plus petit enfant qui s'instruit et qui remplit son devoir fait œuvre de patriote.

18. — **Si quelqu'un** vous dit que vous pouvez vous élever autrement que par l'instruction, le travail et l'économie, fuyez-le !

Benjamin Franklin.

Celui qui profite de toutes les occasions de s'instruire, qui est travailleur et économe, gagne en estime, en influence, en indépendance ; il finit souvent par être un homme aisé, et quelquefois par avoir de la fortune. Fuyez ceux qui veulent s'élever par d'autres moyens.

18ᵃ. — Pitié.

Prends pitié du vieillard au corps brisé par l'âge ;
Guide l'aveugle errant jusqu'au prochain village ;
Ne fais pas revenir plusieurs fois l'indigent
Pour lui donner son pain, des fruits, un peu d'argent.

(D'après des maximes grecques.)
MAURICE BOUCHOR.

19. — **Chacun se dit ami** ; mais fou qui s'y repose:
Rien n'est plus commun que ce nom,
Rien n'est plus rare que la chose.

La Fontaine.

On a tant abusé du nom d'ami que l'on en est arrivé à faire une distinction entre « bons amis », « amis intimes » et « meilleurs amis ». Ne profanez pas ce beau nom. Montrez-vous-en digne si vous l'avez reçu, soyez-

en respectueux si vous l'avez accordé. Et comme un ami
sûr est chose si rare, faites tout votre possible pour conserver celui que vous avez eu le bonheur de rencontrer.

20. — **Profitez** de tout pour votre avancement. Si
vous voyez de bons exemples, ou si vous les entendez
raconter, animez-vous à les imiter.

(Imitation de Jésus-Christ.)

Avancer sans cesse doit être votre mot d'ordre. Celui qui
n'avance pas, recule. A cet effet, inspirez-vous des
beaux exemples de l'histoire et de ceux que vous donnent
les hommes de bien. Dites-vous : Je veux, je dois
faire de même. Courage! vous y réussirez, si vous le
voulez.

21. — **La rouille** use plus que le travail.

Comparez deux lames de couteau dont l'une sert tous les
jours, dont l'autre est restée longtemps sans usage.
La première est usée par le travail et par la pierre du
rémouleur; mais elle brille de son éclat d'acier, elle
est tranchante, à la fois souple et résistante. La seconde
a gardé sa forme ; mais elle est couverte de rouille, l'a-
cier s'effrite sous la morsure de l'oxyde, elle est en
très mauvais état et ne peut servir.
Vous avez là une image de l'homme qui travaille, et de
celui qui prend trop ses aises. Chez l'un, la paresse alour-
dit l'esprit et engourdit le corps; chez l'autre, le travail
régulier et la lutte de la vie publique entretiennent la
souplesse du corps aussi bien que celle de l'intelligence.

22. — **Le vieux Tobie à son fils.**
Honore chaque jour, bénis comme tu l'aimes
Celle qui t'a porté, mon fils, avec douleur,

Puis nourri de son lait, préservé dans ta fleur,
Enveloppé d'amour, de soins et de caresses ;
Et plus tard, si la mort l'enlève à tes tendresses,
Ferme pieusement ses yeux, pleure-la bien,
Et mets dans le tombeau son corps tout près du mien.

MAURICE BOUCHOR.

* *

23. — Je ne fais pas le bien que je veux, je fais le
mal que je ne veux pas.

(*La Bible.*)

> C'est-à-dire : je suis si faible, et la tentation est si forte,
> qu'il m'arrive de ne pas faire le bien que je m'étais pro-
> posé de faire, et même de me laisser aller au mal qu'au
> fond je déteste.
> Si cela arrive à ceux qui veillent et se surveillent, qu'en
> sera-t-il de ceux qui se laissent aller au gré de leurs
> caprices et de leurs désirs ?

* *

24. — Pour peu que vous aimiez la vie, ne gaspil-
lez pas le temps, car c'est l'étoffe dont la vie est faite.

Benjamin Franklin.

> Gaspiller c'est dépenser sans nécessité, même sans utilité,
> c'est dépenser surtout sans faire produire. « Ce n'est
> qu'une seconde », dites-vous, « ce n'est qu'une mi-
> nute. » Prenez-y garde : votre existence entière n'est
> composée que de secondes et de minutes isolées ; le
> temps c'est l'étoffe dont la vie est faite. Gaspiller son
> temps c'est gaspiller sa vie ; en d'autres termes, c'est
> la perdre.

* *

25. — Parler, c'est semer ; écouter, c'est recueillir.

Confucius.

Il faut recueillir, pour pouvoir semer ; il faut écouter
et réfléchir avant de parler. Il importe, quand on est
jeune, de recueillir beaucoup, et les occasions ne
manquent pas de s'instruire. La provision ne sera
jamais trop grande.

26. — **Statuts de la confrérie de l'amabilité** (1).

On s'engage : « A ne jamais se montrer ni contrarié,
ni mécontent, ni boudeur ;

à réprimer tout geste qui indiquerait l'impatience ;

à chercher, chaque matin, comment on pourra
faire plaisir à ceux avec qui l'on doit vivre ;

à épargner aux autres la peine qu'on peut leur
épargner, sans nuire à son devoir ;

à ne jamais dire « non » à un ordre donné par un
supérieur, ni à un service demandé ;

à employer soigneusement ces petites formules de
politesse, qui ne sont minutieuses que pour les cœurs
secs, durs et égoïstes : « le bonjour » du matin ; le
« merci », à la moindre complaisance ; le « ayez la bonté »,
quand on demande un service, etc. ;

à ne jamais commander à un inférieur sans un mot
de bienveillance ;

à satisfaire, de tout notre pouvoir, les goûts de ceux
avec qui nous vivons. »

Prenons au sérieux ce petit règlement, combien la
vie sera plus agréable !

27. — **D'une confidence** à l'indiscrétion, il n'y a
que la distance de l'oreille à la bouche.

Petit-Senn.

(1) Fondée par le principal d'un collège en Belgique.

Quand, tout bas, vous faites une confidence, il n'y a pas loin de la bouche qui parle, à l'oreille qui écoute. Si faible que soit cette distance, elle est plus grande que celle qui sépare la confidence de l'imprudence, et surtout de l'indiscrétion.

Avant de faire une confidence, demandez-vous : Ce qui me brûle la langue, ai-je bien le droit de le dire ? Cela pourrait-il être répété sans aucun inconvénient pour personne ? Est-ce vrai ? et, si c'est vrai, ne vaudrait-il pas mieux le taire ?

Que d'ennuis, que de malheurs vous éviterez peut-être en adoptant cette règle de conduite !

28. — **Les grands travaux** s'exécutent non par la force, mais par la persévérance.

Peu d'hommes, relativement, se sont exercés à persévérer, à soutenir leurs efforts, à reprendre chaque jour la préoccupation et le travail de la veille, à ne pas reculer devant les obstacles, à vaincre les résistances.

Dans les ordres d'idées les plus divers : travaux de la main, de l'esprit ou de la pensée, conceptions et projets de toute nature, ceux-là l'emportent, qui persévèrent.

Exemple : Bernard Palissy, l'inventeur de la céramique qui est aujourd'hui une des plus belles industries en France. Pendant vingt-deux ans, il a cherché à produire l'émail, il a subi toutes les privations, tous les tourments physiques et toutes les tortures morales sans se lasser. Sa persévérance a été à toute épreuve ; aussi a-t-elle triomphé, et l'humble ouvrier a-t-il été récompensé de ses peines, de ses luttes, et de son énergique ténacité.

29. — **Le but** de l'homme est l'action.

Voltaire.

Nous sommes au monde pour agir : c'est par l'action que s'affirme notre besoin et notre joie de vivre. Tous les avantages : santé, fortune, intelligence, cœur et même conscience, ne valent que par l'énergie qui est la suprême puissance, et par l'action qui donne à la vie son prix et sa beauté.

30. — **Il y a** d'agréables laideurs, il y a de laides beautés. Voulez-vous être vraiment belle ? Avant tout soyez bonne.

Berville.

Soyez bonne ! la bonté est presque une beauté. La bonté répand sur les traits et sur toute la personne un charme qui parle au cœur ; la bouche sourit plus gracieuse, l'œil rayonne plus doux, la physionomie a plus de sérénité, les mouvements ont plus d'harmonie.

(*D'après Janet.*)

31. — **Tout ce qui** est bien, tout ce qui est bon, apporte avec soi un sentiment de contentement qui est une récompense immédiate et que rien ne saurait enlever.

Les gens méchants sont encore plus malheureux qu'ils ne rendent malheureux les autres.

Mme de Tracy.

Voulez-vous éprouver ce qu'on appelle le contentement intérieur ? Efforcez-vous de faire ce qui est bien et évitez ce qui est mal. Ne marchandez pas avec votre conscience, écoutez-la, vous en serez sûrement récompensés.

Les méchants rendent les autres malheureux ; ils sont surtout malheureux eux-mêmes, car leur âme est comme enveloppée de ténèbres.

Seriez-vous heureux de passer votre vie dans une cave, dans un lieu obscur? C'est pourtant le traitement qu'inflige à son âme celui qui se complaît dans le mal et qui ne lutte pas énergiquement pour s'en délivrer.

⁎

32. — Si vous croyez beaucoup savoir, et savoir bien, souvenez-vous que c'est peu de chose auprès de ce que vous ignorez.

(Imitation de Jésus-Christ.)

Le sentiment écrasant de tout ce qu'ils ignorent est la cause intime, sans doute, de l'extrème modestie des grands savants.

Ceux qui s'enorgueillissent de leur savoir ne se doutent pas de tout ce qu'ils ignorent. Rien ne nous rend modestes et ne nous stimule comme le sentiment que nous ne savons pasgrand'chose, et que nous avons beaucoup à apprendre.

⁎

33. — Il faut nous défendre d'un patriotisme bruyant, phraseur et tapageur, pour nous pénétrer davantage de celui qui est silencieux, vrai, actif.

C. Wagner.

Les manifestations bruyantes et tapageuses n'ont rien de commun avec le vrai patriotisme. Signalons, par exemple, l'abus qu'on fait du chant de la *Marseillaise*; on devrait toujours l'entendre debout, tête découverte, comme font les Anglais quand ils écoutent leur hymne national; on ne devrait pas le profaner dans les rues à toute occasion.

Le vrai patriotisme est dans l'action; il consiste à faire son devoir en toute circonstance; c'est là surtout ce que la patrie attend de ses enfants.

⁎

34. — **La Renoncule** un jour dans un bouquet
Avec l'œillet se trouva réunie :
Elle eut le lendemain le parfum de l'œillet.
On ne peut que gagner en bonne compagnie.

Béranger.

Charmante image qui nous montre l'influence qu'exercent sur nous de bons camarades et ce que nous pouvons nous-mêmes sur d'autres.
Soyons comme l'œillet, et pénétrons ceux qui vivent avec nous du parfum de nos bonnes habitudes et de nos vertus.

35. — **Avez-vous** de quoi vivre ? N'empruntez pas.
N'avez-vous pas de quoi vivre ? N'empruntez pas non plus, vous ne pourriez vous libérer.

Plutarque.

Dans l'antiquité, le créancier pouvait faire saisir et vendre les biens de son débiteur ; les enfants de celui-ci, sa femme, lui-même pouvaient être vendus comme esclaves. Aujourd'hui la saisie des biens n'est guère appliquée qu'aux débiteurs récalcitrants et de mauvaise foi.
Et toutefois, qui veut vivre tranquille et digne doit s'appliquer à suivre le conseil de Plutarque. Emprunter, c'est aliéner son indépendance morale, se créer des soucis, aggraver sa situation. « Pour qui doit à Pâques, dit le proverbe, le carême est court » ; c'est-à-dire : l'époque fixée pour le remboursement arrive toujours trop vite. Arrangez-vous de façon à ne jamais devoir emprunter et même à pouvoir prêter au besoin.

36. — **Jeunes gens**, soyez soumis aux anciens et revêtez-vous d'humilité.

(La Bible.)

Les jeunes gens n'ont pas tous la déférence et les égards voulus pour ceux qui, par leur âge, ont plus d'expérience de la vie et plus d'autorité. Ils ne savent pas ce qu'ils y perdent eux-mêmes en considération et en avantages moraux.

L'orgueilleux (ne confondons pas l'orgueil, qui est un grave défaut, avec la fierté qui est une qualité), sans s'en douter, indispose tout le monde contre lui, tandis qu'on s'empresse de tendre la main à un jeune homme ou à une jeune fille humble et modeste.

***

37. — La vraie richesse de la vie, c'est l'affection ; la vraie pauvreté, c'est l'égoïsme.

Qui voyez-vous sereins et joyeux ? ceux qui ont transporté leur vie hors d'eux-mêmes.

Qui voyez-vous mécontents, sombres, ennuyés, sinon ceux qui ne pensent qu'à eux?

A. Vinet.

Être *égoïste*, c'est rapporter tout à soi, ne penser qu'à ses propres aises et convenances, se désintéresser des besoins d'autrui et du bien public. « Transporter sa vie hors de soi-même », c'est se préoccuper des souffrances, des misères, des désirs d'autrui.

En faisant cela on oublie ses propres peines ; plus on cherche à se rendre utile aux autres, plus on éprouve de joie, plus on a d'entrain, plus on est heureux. Les écoliers déjà en peuvent faire l'expérience.

***

38. — Ce n'est pas tout que d'acquérir du bien par le travail et par l'économie : conserver ce qu'on possède, est également difficile. Le seul moyen d'y réussir, c'est d'avoir de l'ordre.

***

Avoir de l'ordre, c'est se rendre compte de toutes ses dépenses, les noter exactement, et maintenir un juste rapport entre les recettes sûres et les dépenses probables. Aucune fortune ne peut, à la longue, résister au manque d'ordre.

*
* *

39. — Ceux qui ne font rien sont toujours prêts à critiquer ceux qui font quelque chose.

Deschanel.

Ceux qui ne font rien, c'est-à-dire qui n'ont aucune initiative pour les choses d'intérêt général ou public, sont toujours prêts à trouver mauvais ce que font ceux qui agissent et qui se dévouent.

Menez une vie active et remplie, vous éprouverez fort peu le besoin de critiquer autrui ; et si vous usez de votre droit de critique, l'expérience vous aura rendus équitables dans vos appréciations.

*
* *

40. — Une belle âme se reflétant sur un beau visage, quelle harmonie !

Une belle âme sous un laid visage, quelle compensation !

Une âme laide sous un beau visage, quelle grimace !

A. C.

On distingue sur le visage la beauté physique : traits plus ou moins réguliers, coloration plus ou moins agréable ; et la beauté intellectuelle ou morale : l'expression qui anime ce visage et l'impression qui s'en dégage.

La laideur de l'âme : la grossièreté, la méchanceté, la ruse se trahissent même sous le plus beau masque ; alors la beauté physique devient désagréable : c'est une grimace !

Au contraire, sur certains visages laids rayonne l'intelligence ou la bonté. Quand tel homme parle, sa laideur semble disparaître ; quelle compensation !

Quand une belle âme se reflète sur un beau visage, c'est la plus belle des harmonies.

*
* *

41. — **L'amitié** n'est bonne que si elle nous aide à devenir meilleurs.

* * *

Si nos relations d'amitié ne sont qu'un agréable passe-temps, si elles ne nous rendent pas plus studieux, plus désireux de bien faire, si elles n'élèvent pas notre conscience et ne nous inspirent pas le désir de devenir meilleurs, c'est qu'elles ne sont pas bonnes ; elles nous feront du mal, et beaucoup de mal.

*
* *

42. — **Rien n'est plus beau** que la gloire, si ce n'est la vertu. Le comble du bonheur serait de réunir l'une et l'autre dans cette vie.

Chateaubriand.

La gloire est synonyme de grandeur, célébrité. La vertu est une ferme disposition de l'âme à fuir le mal et à faire le bien.

Chacun de ces termes exprime un idéal propre à en-flammer les cœurs. La gloire peut exister sans la vertu ; la vertu, sans la gloire ; les deux peuvent se trouver réunies.

*
* *

43. — **Je distingue** deux espèces de fainéants, ceux qui paressent et ceux qui travaillent en grognant. Le travail est une loi de la vie ; on ne saurait, sous aucun prétexte, admettre que quelqu'un s'en exempte.

Quiconque ne travaille pas est condamné à périr. Tout ce qui ne remue pas, ne fonctionne pas, se rouille et se corrompt.

C. Wagner.

Le travail est la gloire de l'humanité ; l'oisiveté, et même le travail fait à contre-cœur, mènent droit à l'abrutissement.

« Travaillons, prenons de la peine », telle devrait être notre devise à tous. Faisons-nous un devoir de laisser derrière nous un sillon creusé par notre labeur personnel.

Béni soit le travail qui nous fait vivre, nous soutient, nous console, nous ennoblit, nous rend fiers et indépendants.

* *
* *

44. — Ouvrage bien ordonné, moitié fait.

(Proverbe provençal.)

Quoi que vous entrepreniez, demandez-vous d'abord comment vous débuterez, comment vous continuerez et par quoi vous finirez. Il faut qu'il y ait de l'ordre dans la tête au sujet de tout ce que vous faites, autrement vous perdrez un temps précieux. Vous y apporterez de la gaucherie, de la lenteur, de l'ennui, et finalement vous vous direz : il eût mieux valu ne pas commencer. Peut-être ; mais le mieux eût été de bien ordonner d'avance votre ouvrage.

* *
* *

45. — Ne cherche pas le ciel là-haut dans cet azur
     Où la lune pâlit, où le soleil s'enflamme :
     Le ciel, mon fils, est dans ton âme ;
     Le paradis, c'est un cœur pur.

***

A tout âge et dans toute condition, l'homme peut dans cette vie déjà posséder le ciel, aussi bien qu'il peut porter en lui l'enfer. Le ciel est là où le cœur est pur, où les sentiments sont élevés et sincères, où la conscience est tranquille, là où l'on évite le mal, où l'on aime la droiture, la justice, où l'on pratique la vertu. Pour ceux-là seuls l'idée du ciel où l'on entre après la vie terrestre, c'est-à-dire d'une vie meilleure, devient une réalité.

* *

46. — **Ne pas prononcer** une parole qui soit une approbation du vice ou une moquerie pour la vertu !

Manzoni.

Devise que fera sienne tout jeune homme sérieux voulant conserver des sentiments d'honnêteté. Ils ne se doutent pas certainement du mal qu'ils font aux autres et qu'ils se font à eux-mêmes, ceux qui s'appliquent à plaisanter la vertu et même à s'en moquer pour amuser la galerie ; ils endossent une lourde responsabilité. En couvrant de boue ce qu'il y a de plus beau et de plus respectable, ils tuent le fruit dans la fleur. Ils existent, hélas ! les « blagueurs » de la vertu et les fanfarons du vice ; ce sont des criminels.

* *

47. — **A la France.**

France, veux-tu mon sang ? Il est à toi, ma France !
    S'il te faut ma souffrance,
    Souffrir sera ma loi.
S'il te faut ma mort, mort à moi,
    Et vive toi,
    Ma France !

P. Déroulède.

Strophe vibrante de généreux dévouement et d'amour pour la patrie ! Etre prêt à souffrir et à mourir pour ce qu'on aime, c'est bien la meilleure preuve d'attachement. C'est ainsi que nous devons aimer notre France, enfants de la patrie !

48. — **De toutes les espèces** de méchants, le plus dangereux, assurément, c'est le traître. Le bavard est un traître gratuit ; il livre les secrets de tout le monde.

Plutarque.

Traître ! c'est le comble de la lâcheté et de l'infamie ! Il n'y a guère de mot plus odieux. Or, livrer les secrets d'autrui, divulguer ce qu'on vous a confié, c'est une trahison dont se rend coupable le bavard aussi bien que l'espion.

Le bavard est traître gratuitement, c'est-à-dire il l'est sans le vouloir, peut-être sans le savoir ; mais il l'est. Sachons maîtriser notre langue.

49. — **Nous pouvons** tous quelque chose, peu ou beaucoup, et ce que nous pouvons, nous le devons.

Frédéric Passy.

Un enfant même peut, et par conséquent doit se rendre utile à ses parents, à ses camarades, à ceux qui vivent autour de lui, et cela de mille manières ; ce ne sont pas les occasions qui manquent. Mais que de fois dit-on : « je ne *peux* pas », quand il faudrait dire : « je ne *veux* pas » ! Mes amis, soyez convaincus de ceci : On doit ce que l'on peut et on peut ce que l'on doit.

50. — **Il est dangereux** de distinguer entre les petites et les grandes fautes ; celles-là, si l'on ne s'en rend maître, conduisent infailliblement à celles-ci.

Nous prenons trop facilement notre parti de nos petits
défauts et des petites fautes dont nous nous rendons
coupables (petits mensonges, petites méchancetés, petits
penchants à la paresse, petites légèretés dans la conduite, etc.). Pour nous rassurer, nous nous compa-
rons volontiers avec ceux qui étalent des vices grossiers, ou avec des criminels ; et comme la comparaison
est à notre avantage, nous nous déclarons satisfaits.
Ainsi nous nous aveuglons de parti pris: les vices
commencent par être de petits défauts et de petites
fautes : ne jouons pas avec l'étincelle, de peur qu'il
n'en sorte une flamme qui nous dévore !

*
* *

51. — **Le lieu du monde** où il fait le meilleur
vivre, où l'on se trouve le plus heureux, le plus à l'aise,
c'est la famille, le chez-soi, la maison. Il fait bon y
être, mais à une condition, c'est que l'ordre y règne.
Une maison sale, désordonnée, bruyante, pleine de
poussière ou de querelles, ce n'est plus le chez-soi, le
bon nid doux et bien sûr, c'est un lieu de supplice ;
on a hâte de le fuir.

Jules Steeg.

Rien de doux et de réconfortant, en effet, comme le foyer
autour duquel règnent l'ordre et la propreté, l'harmonie et la sympathie, et où plusieurs ne forment
qu'un.
Que chacun s'efforce de rendre l'intérieur de la famille
aimable et attrayant, et chacun s'y sentira attiré ! On
s'y plaira de plus en plus, on fuira le cabaret, les mauvaises sociétés, les entraînements de toute nature et
l'on trouvera le vrai bonheur en aimant et en étant
aimé.
Quand l'esprit de famille s'en va, tout est perdu, et la
patrie en souffre cruellement !

*
* *

52. — La calomnie tue trois hommes : le calomnié, le calomniateur, et celui qui écoute le calomniateur.

(Le Talmud.)

Celui contre qui s'acharne la calomnie est souvent atteint, à son insu, dans sa réputation et dans son honneur, c'est-à-dire dans ce qu'il a de plus précieux ; il est victime d'un lâche attentat.

Le calomniateur est aussi coupable, mais plus vil, plus méprisable, si possible, que celui qui demande la bourse ou la vie de son prochain. Mais il ne peut manquer d'être démasqué, et dès lors, il est perdu dans l'estime des honnêtes gens.

Celui qui prête une oreille complaisante au calomniateur, qui ne proteste pas, qui ne lui impose pas silence, se fait son complice, partage sa responsabilité et sa culpabilité.

Gardons-nous de calomnier, imposons silence au calomniateur.

*
* *

53. — Une des règles qu'on doit le plus avoir en vue, c'est de faire de bonne grâce tout ce que l'on est obligé de faire.

Nicole.

On ne fait bien que ce qu'on fait de bon cœur, c'est-à-dire avec entrain et gaité. Souvent les devoirs des élèves sont mauvais ou négligés, parce qu'ils ont été faits de mauvaise grâce, sans plaisir, comme par contrainte. Les choses les plus difficiles deviennent aisées quand on les fait de bonne humeur.

*
* *

54. — Quand tu ressens un secret plaisir à trouver ton prochain en faute, tu n'es pas meilleur que lui.

P.-J. Stahl.

Nous éprouvons parfois de la satisfaction à surprendre les
fautes d'autrui et à nous en couvrir, comme si elles
nous excusaient et faisaient oublier celles que nous
avons commises nous-mêmes; c'est un faux calcul, un
jeu trompeur qui indique une âme perverse.

**

55. — **J'ai fait** un peu de bien, c'est mon meilleur
[ouvrage.

Voltaire.

Voltaire est un grand écrivain du xviiiᵉ siècle. Nous
avons de lui entre autres une Histoire de Louis XIV et
de Charles XII. Il a beaucoup écrit; mais, le « peu de
bien » qu'il se rappelle avoir fait en défendant les
faibles, les opprimés, les victimes de l'injustice et de
l'intolérance, lui cause plus de satisfaction que tout ce
qu'il a produit dans le domaine de l'esprit et de l'intelligence pure. On peut, en effet, être très intelligent, sans pour cela « faire du bien. »

**

56. — **Le plus grand nombre** parmi vous auront à
se frayer péniblement leur chemin; qu'importe ! S'ils
sont vaillants, le succès est au bout.

Quelques-uns, le plus petit nombre, entreront dans
la vie par des portes dorées ; c'est à leur sujet que
j'aurais le plus de soucis. La voie devant eux semble
ouverte et facile à parcourir, mais n'oubliez pas que
des poisons dangereux sont souvent distillés par les
ombrages sous lesquels on s'attarde.

Général Niox.

**

57. — **Celui qui ne se lève pas** assez tôt est tout le jour en retard pour ce qu'il doit faire.

Pour un homme de devoir, chaque heure de la journée a son emploi déterminé. Ne pas commencer à l'heure, c'est être en retard du matin au soir. Or, si avoir de l'avance donne de l'entrain et du courage, se sentir en retard est une cause d'ennui et de découragement. Oh ! la triste existence où l'on se sent être toujours en retard !

58. — **Raillerie** n'est pas rire ; la raillerie tue le rire.

L'esprit de moquerie est un des pires destructeurs de la joie. Il y a un rire qui flétrit ce qu'il touche, et dessèche le cœur pour jamais : c'est celui qui se plaît à tourner les choses vénérables et saintes en ridicule.

C. Wagner.

Les choses « vénérables et saintes » n'ont pas seulement trait à ce que nous appelons « la religion ». Taquiner un être faible, timide et sans défense, railler la pureté de sentiments ou la bonne conduite d'un jeune homme ou d'une jeune fille, rire des « manies » d'un vieux père ou d'une vieille mère, des infirmités d'un vieillard, ridiculiser ce que d'autres respectent, hausser les épaules devant une protestation contre de vilaines paroles, sourire dédaigneusement en présence de ceux qui ont le courage d'appeler bien ce qui est bien et mal ce qui est mal, c'est se moquer des « choses vénérables et saintes ».

Riez, jeunes gens ! le rire est un bon compagnon de la jeunesse, riez de bon cœur, mais gardez-vous du mauvais rire qui encourage le vice.

59. — **Donnez** ! ce plaisir pur, ineffable, céleste,
Est le plus beau de tous, le seul dont il nous reste
Un charme consolant que rien ne peut flétrir ;
L'âme trouve en lui seul (1) la paix et l'espérance.
Donnez ! Il est si doux de rêver en silence
    Aux larmes qu'on a pu tarir.

Edouard Turquety.

Donner, c'est aimer assez autrui pour se priver de quelque chose à son profit ; c'est manifester la bonté du cœur par un signe visible. Heureux les riches, car ils ont l'immense satisfaction d'aider ceux qui sont privés du nécessaire. Mais les pauvres eux-mêmes peuvent donner : le travail honnête, l'affection, la fidélité, le dévouement valent plus que de l'argent.
Soulager les misères matérielles est une grande joie. Si nous ne le pouvons pas, faisons, au moins, le don de notre cœur, faisons le don de nous-mêmes.

*
* *

60. — **La façon de donner** vaut mieux que ce qu'on
                                 [donne ;
Tel donne à pleines mains qui n'oblige personne.

Corneille.

Le peu que l'on donne vaut beaucoup, quand on donne de bon cœur et sans arrière-pensée. Ce qui fait le prix réel d'un bienfait ou d'une aumône, c'est le sentiment, c'est la bonne grâce, c'est l'intention qu'on y apporte.

*
* *

61. — **Devenez l'artisan** de votre destinée ;
    Il est beau de dompter la Fortune obstinée,

____

(1) Dans le plaisir de donner.

D'arracher ses bienfaits, au lieu d'en hériter,
Et de n'avoir que ceux qu'on a su mériter.

La Chaussée.

Avoir conquis soi-même son aisance, honnêtement, à force de travail et de persévérance, est une preuve d'énergie et de valeur personnelle; c'est une grande satisfaction et même un titre d'honneur.

Il n'y a rien de plus légitime que de recueillir la succession de ses parents, mais c'est pitié de voir certaines gens s'enorgueillir des biens qui leur sont échus, sans qu'ils aient rien fait pour les mériter.

Enfants, gardez-vous de dissiper le bien acquis par vos parents, mais travaillez comme si vous n'aviez rien à attendre d'eux.

*
* *

62. — **J'ai passé** près du champ d'un paresseux,

Et voici, les épines y croissaient partout,

Les ronces en couvraient la face,

Et le mur de pierres était écroulé.

J'ai regardé attentivement,

Et j'ai tiré instruction de ce que j'ai vu !

(*La Bible.*)

Pendant que les épines croissent dans le champ du paresseux, les vices envahissent son âme. C'est le désordre et la malpropreté, l'indifférence à l'égard des choses nobles et élevées, le manque d'honneur et de dignité, l'hypocrisie et le mensonge. Souvent même, cette âme, livrée à tout venant comme le champ sans clôture, est souillée par le vice.

Le paresseux se réjouit des désordres privés et publics, parce qu'il espère pêcher en 'eau trouble. On le voit partout, sauf à l'atelier ou au chantier. Se nourrir aux dépens des autres, telle est sa grande préoccupation. C'est toujours un être inutile, presque toujours il

est nuisible. Amis, tirons, nous aussi, instruction de
ce tableau : redoutons la paresse ; elle est la mort de
l'esprit et la lèpre du corps.

* * *

63. — Les lumières ne font qu'éclairer la route,
mais ne donnent pas aux hommes la force de la parcourir.

Benjamin Constant.

Que préférez-vous suivre dans la nuit sombre, le noir
sentier, ou la route jalonnée de becs de gaz lumineux ?
Inutile de vous le demander, n'est-ce pas ?
Remarquons toutefois que pour fournir une forte marche
il ne suffit pas que la route soit unie et bien éclairée ;
encore faut-il avoir, avec de bonnes jambes, l'énergie
qui soutient et double les forces du corps.
Il en est de même dans la vie. Il ne suffit pas d'être
instruit ou de voir clair ; on peut avoir fait de fortes
études et être un malhonnète homme. Il faut une
conscience délicate, il faut l'amour du bien ; il faut
surtout, par la pratique de la justice, acquérir de l'autorité sur nous-mêmes. Cette autorité nous permettra
de résister aux entraînements, et nous rendra capables de tenir bon jusqu'au bout.

* * *

64. — Le drapeau qui passe.

Dans l'allée en fête où le régiment,
Au son du clairon vibrant dans l'espace,
En rangs alignés marche fièrement,
   Saluons le drapeau qui passe !

Les jours de revue et de défilé,
Quand les bataillons arrivent en masse,

O peuple français,peuple inconsolé (1),
    Saluons le drapeau qui passe !

O sacré symbole, ô chères couleurs,
Du sang répandu vous portez la trace.
Nos filles un jour couvriront de fleurs
    Le drapeau triomphant qui passe (2) !

La défaite, hélas! a mis sur ses plis
Comme un crêpe noir, le nom de l'Alsace :
Quand les temps de deuil seront accomplis,
    Tu flamboiras, drapeau qui passe !

Et tu flotteras au souffle du vent
Sur les murs où Dieu te garde une place ;
Nos morts, éveillés au soleil levant,
    Te salûront, drapeau qui passe !

Charles et Paul Leser.

Ne manquez jamais de vous découvrir devant le drapeau
tricolore. Vous saluez en lui la Patrie et ses défen-
seurs. Laissez aller votre pensée vers Metz et Strasbourg, ces villes si françaises où ne flotte plus, pour le
moment, le drapeau français. Par amour pour elles,
exercez-vous à faire votre devoir, à être courageux et
dévoués.

65. — **Il manque** une chose au bonheur de l'homme
des champs : c'est de comprendre combien il est heureux de vivre, sage et tranquille, au sein de la belle
nature, loin de l'air empesté des villes, loin des noirs
soucis et des âpres luttes qui font de nos cités un véritable enfer.

Jules Steeg.

(1) A cause de la perte de l'Alsace et de la Lorraine.
(2) A quel sang et à quel jour est-il fait allusion dans cette
3e strophe ?

L'homme des champs, autrement dit l'habitant de la campagne, ne connaît pas assez ou n'apprécie pas les avantages multiples dont il jouit : vie calme, simple et paisible, air pur et fortifiant, parfum des bois, des prairies et des champs, merveilles de la nature, ciel ouvert.

De là vient ce mouvement irréfléchi et très souvent regrettable qui porte tant de campagnards vers les grandes villes.

66. — En aucune chose, peut-être, il n'est donné à l'homme d'arriver au but : sa gloire est d'y marcher.

Guizot.

Dans la poursuite de ce qui est vrai et bien, nul ne peut se flatter d'être arrivé et d'avoir atteint le but ; le tout est de ne pas s'arrêter, de ne pas reculer dans la lutte, de prendre une bonne revanche après une défaite, et d'avancer sans cesse. Ayons cette ambition, et nous trouverons en nous-mêmes la force de monter toujours plus haut sur l'échelle du devoir, de la vertu et de l'honneur. Que notre devise soit : *Excelsior !* toujours plus haut !

67. — La douceur, la simplicité, la modestie, la bonne grâce, sont les principaux moyens dont disposent les jeunes filles pour être jolies : ce sont les auxiliaires les plus vrais, les plus puissants, les plus solides de la beauté réelle, de cette beauté qui part de l'âme pour se répandre sur le visage.

Ch. Rozan.

« Etre jolie », c'est malheureusement la préoccupation principale de bien des jeunes filles. Soyez sur vos gardes, vous qui avez peut-être moins souci des qualités que de la beauté. La beauté passe vite ; les défauts qui l'accompagnent souvent restent : la vanité, l'égoïsme, le soin exagéré de sa personne. Le rôle de la femme est de bien veiller à la conduite du ménage, d'être bonne et dévouée. Elle est toujours jolie et même belle si elle est modeste et simple de manières, si la douceur de son caractère et la bonté de son cœur brillent dans ses yeux.

68. — La grande lutte.

Mon Dieu, quelle guerre cruelle !
Je trouve deux hommes en moi :
L'un veut que, plein d'amour pour toi,
Mon cœur te soit toujours fidèle :
L'autre, à tes volontés rebelle,
Me révolte contre ta loi.

Hélas ! En guerre avec moi-même,
Où pourrai-je trouver la paix ?
Je veux, et n'accomplis jamais.
Je veux, mais, ô misère extrême !
Je ne fais pas le bien que j'aime,
Et je fais le mal que je hais.

Racine.

Ces deux hommes, chacun de nous les porte en soi. Chez les plus vigilants et les plus désireux de faire le bien, c'est parfois l'homme « rebelle » qui l'emporte, le paresseux, le menteur, le malhonnête, le vicieux… !
Qu'en est-il de ceux qui, au lieu de se recueillir, de s'examiner et de lutter, se laissent aller au gré de leurs caprices et de leurs mauvais désirs ?
C'est une guerre cruelle, en effet, entre ces deux hommes ; il y faut vaincre ou mourir.

69. — **Personne** n'est responsable de sa famille, mais chacun est responsable envers sa famille.

Paul Janet.

Il serait injuste et cruel de faire expier à une personne honorable les fautes d'un de ses parents. En ce sens, personne ne doit être considéré comme responsable de sa famille.

Néanmoins, par un effet de la loi mystérieuse de la solidarité (1), la mauvaise réputation d'une personne est généralement un sujet de déconsidération pour tous les membres de sa famille. En ce sens, chacun de nous est responsable envers sa famille. Ce fait est de nature à faire réfléchir bien des gens qui font profession de n'avoir aucun souci du « qu'en dira-t-on ».

70. — Signaler le mal. — Montrer le bien. — Chercher le mieux.

Legouvé.

Pourquoi sur les voies ferrées et le long des travaux qui se font au milieu de la circulation générale, met-on des feux de couleur la nuit, ou une barrière le jour ? Pour signaler le danger, pour empêcher le train de dérailler, les voitures de se briser et les passants d'être écrasés.

En signalant à votre prochain le mal auquel il s'expose, vous pouvez le préserver de plus d'une chute. « Prenez garde » est un avertissement d'ami.

Allez plus loin. Montrez à celui que vous avez averti, un chemin plus sûr, donnez-lui une règle de conduite qui ne l'expose pas au même danger.

Enfin nous devons tous « chercher le mieux », parce que nous devons tendre vers un but suprême par le progrès et le perfectionnement. Ne nous déclarons satisfaits des progrès accomplis que s'ils nous aident à avancer davantage. Il n'y a pas de meilleur stimulant que celui-ci : « Toujours mieux ».

____

(1) Lien moral qui nous lie les uns aux autres.

71. — Se hâter lentement,
Se résoudre sagement,
Exécuter hardiment,
Sont les moyens d'un bon chef.

Amyot.

Réfléchissons avant d'agir ; ne courons pas en avant sans examiner les obstacles probables auxquels nous pourrions nous heurter. Mais une fois que notre résolution est prise, poursuivons-en l'exécution avec énergie. Advienne que pourra ! Si nos intentions sont sages et bonnes, il ne peut sortir de notre initiative que du bien.

* *
*

72. — Personne ne s'avilit en obéissant à son père, en sacrifiant une préférence à un devoir ; les âmes ainsi forgées sont celles qui comprennent le mieux la dignité humaine.

Le devoir qui nous apprend à courber la tête, nous apprend aussi à la relever.

A. de Gasparin.

Forger le fer, c'est le travailler sur l'enclume pour le rendre plus résistant. Forger une âme, c'est rendre cette âme forte et patiente en l'habituant à sacrifier ses préférences au devoir. Cette âme aura de la dignité humaine une idée plus juste, plus élevée.

Celui qui, par devoir, sait courber la tête, sait la relever aussi, fière et indépendante, quand le devoir l'ordonne. Enfants, appliquez-vous dès maintenant à « forger votre âme ». Ne craignez pas de lui faire violence, quand elle est tentée de se mettre en rébellion contre le devoir.

* *
*

73. — **Si une chose** n'est pas honnête, ne la fais point ; si elle n'est pas vraie, ne la dis point ; car tu en es le maître.

Marc-Aurèle.

Tu es le maître de faire ou de ne pas faire, de dire ou de ne pas dire, cela est hors de doute. Il est difficile, dans certaines circonstances, de se retenir ; mais si tu n'es pas envers toi un maître sévère, tu risques d'être bientôt un maître très faible. Tu diras : « Je ne ferai pas cela... » et tu te laisseras aller à le faire quand même ; tu promettras de ne pas dire telle chose ... et tu la diras. Sois envers toi un maître impitoyable si tu ne veux devenir un vil esclave !

74. — **Bientôt**, mes amis, vous viendrez dans nos rangs, faire l'apprentissage de vos premiers devoirs civiques. Entrez-y gaiement ; préparez-vous à être de bons citoyens en étant de bons soldats.

Aimez votre patrie, c'est-à-dire soyez solidaires de ses grandeurs et de ses tristesses ; acceptez pieusement le patrimoine moral que nous avons reçu de nos pères et que nous nous transmettons comme un dépôt sacré, et n'ayez d'autre devise que celle que vous lirez sur vos drapeaux : Honneur et Patrie !

Général Niox.

75. — **Que tout homme** soit prompt à écouter, lent à parler, lent à se mettre en colère ; car la colère de l'homme n'accomplit pas la justice de Dieu.

(*La Bible.*)

Prompt à écouter les bonnes exhortations pour n'en rien perdre ; lent à parler, pour que la pensée puisse précéder la parole et que nous disions des choses sensées, justes et vraies ; lent à se mettre en colère, car la colère rend ridicule, injuste et méchant.

76. — Comment la société peut-elle devenir meilleure ?

Que chacun de nous devienne meilleur, et tout s'améliorera.

La société est une grande famille et vaut ce que valent les individus qui la composent.

Si les membres d'un corps se portent bien, le corps tout entier est bien portant ; pour réformer une société, il faut donc commencer par réformer l'individu.

Si cette société est agitée, souffrante, que chacun se frappe la poitrine et dise : C'est à moi la faute ; je devais donner de meilleurs exemples ; le mal est au fond de mon cœur. C'est là le meilleur, peut-être le seul remède pour guérir les plaies sociales.

77 — Songez-y, mes enfants, s'il vous prenait l'envie
D'échapper à la main qui fait votre soutien,
C'est un bien grand malheur, pour l'enfance et
[la vie,
Que de n'être soutenu par rien.

Ratisbonne.

L'éducation vise à rendre le jeune homme libre et indépendant dans la mesure où mûrit son caractère, où il comprend mieux son devoir et où il est plus à même de le remplir. Vouloir « échapper à la main », c'est vouloir conquérir, avant l'heure, l'indépendance dont on ne peut encore faire un bon usage.

Celui qui ne veut dépendre que de soi a un triste maître, et va au-devant de tristes expériences.

« N'être tenu par rien », amène bientôt à prendre la vie en dégoût. A tout âge, en effet, le bonheur de vivre est en raison directe de la fidélité avec laquelle nous acceptons et nous remplissons les devoirs qui nous incombent.

*

78. — Une journée d'oisiveté fatigue comme une nuit d'insomnie.

Petit-Senn.

Si singulier que cela paraisse, l'oisiveté fatigue ; elle affaiblit surtout. On se repose vite d'une fatigue produite par le travail corporel ou intellectuel ; on a beaucoup plus de peine à secouer la torpeur morale et intellectuelle que produit l'oisiveté. Rien n'entretient la souplesse du corps et de l'esprit comme le travail.

*

79. — Morts pour la Patrie.

Ceux qui pieusement (1) sont morts pour la patrie,
Ont droit (2) qu'à leur cercueil la foule vienne et prie.
Entre les plus beaux noms leur nom est le plus beau.
Toute gloire près d'eux passe et tombe éphémère ;
     Et, comme ferait une mère,
La voix d'un peuple entier les berce en leur tombeau.

    Gloire à notre France éternelle !
    Gloire à ceux qui sont morts pour elle !
    Aux martyrs ! aux vaillants ! aux forts (3) !

(1) Résignés, par amour du devoir, par esprit de sacrifice.
(2) Vous leur devez ce témoignage.
(3) Ces trois vers se rapportent à ceux qui sont morts pour la patrie. Les trois suivants s'adressent aux âmes nobles qui prennent exemple sur les premiers, qui convoitent une place dans le temple de la gloire, et qui, lorsqu'il le faudra, mourront pieusement, eux aussi, pour la défense ou la délivrance de la patrie.

A ceux qu'enflamme leur exemple,
Qui veulent place dans le temple,
Et qui mourront comme ils sont morts.

Victor Hugo.

80. — Fais ce que dois ; le bien en adviendra.

Si chacun de nous veut être sincère avec lui-même, il reconnaîtra que, toutes les fois qu'il interroge sérieusement sa conscience, celle-ci lui répond et lui dit : fais ceci, ne fais pas cela. Ce que la conscience nous dit de faire, ou de ne pas faire, c'est le devoir, nous devons l'accomplir.

Persuadons-nous de ceci : il résulte toujours un bien de l'accomplissement de notre devoir ; si ce n'est immédiatement, ce sera plus tard ; si ce n'est pour les autres, ce sera pour nous-mêmes.

81. — C'est un grand mensonge de laisser croire que la vie du devoir soit nécessairement sèche, aride, ennuyeuse, et la vie de la passion vive, brillante, enchanteresse. La seconde a bien des ennuis, et la première bien des plaisirs.

Janet.

La vie sérieuse peut être fort aimable et souriante ; elle n'est même vraie qu'à cette condition. La vie mondaine laisse toujours après elle l'ennui et un sentiment de vide ; la jeunesse qui s'y adonne se trompe et se prépare de cruelles déceptions.

Laissez passer quelques années et observez ce que devient la vieillesse de l'homme de devoir, et la vieillesse de l'homme de plaisir.

81. — Un homme vaut par le caractère et le cœur plus encore que par l'intelligence et le savoir ; et une nation vaut moins par la science ou l'esprit que par les mœurs.

Marion.

Être intelligent, avoir de l'instruction sont choses dignes d'envie, mais cela ne fait pas l'homme. Ce qui importe, c'est de donner un bon exemple, d'exercer autour de soi une action bienfaisante ; or, pour cela il faut avoir du cœur : aimer le bien, être dévoué ; il faut avoir du caractère : être énergique et ferme.

Il en est de même pour la nation. La science contribue à l'enrichir, à la glorifier ; mais ce sont ses mœurs qui la rendent forte et grande.

Sans être un homme de science, vous pouvez vous rendre utile à la société et à la patrie : soyez tout simplement un homme de cœur et un homme de devoir.

*
* *

82. — On demande quatre choses à une femme :
Que la vertu habite son cœur,
Que la modestie brille sur son front,
Que la douceur découle de ses lèvres,
Que le travail occupe ses mains.

Mᵐᵉ de Staël.

La vertu jointe à la modestie, à un caractère doux qui n'exclut pas la fermeté et à des habitudes de travail, c'est, selon Mᵐᵉ de Staël, l'idéal de la femme.

C'est aussi l'idéal que toute jeune fille doit avoir devant les yeux et dont elle doit chercher à se rapprocher le plus possible.

*
* *

84. — Il n'est de vrai bonheur que celui qu'on a

mérité et gagné. Le succès immérité ne l'a jamais donné.
Le méchant peut être prospère , mais non heureux.

P.-J. Stahl.

> On gagne le contentement de soi-même, comme on gagne
> l'estime de ses maîtres, par le travail. par l'honnêteté,
> par la fidélité au devoir, par une bonne conduite. Rien
> n'est faux et trompeur comme le bonheur apparent de
> celui qui n'a rien fait pour le mériter.
> Il y a une grande différence entre la prospérité qui vient
> du dehors et le bonheur qui réside au fond de l'âme.

*
* *

85. — **La mort**, qui n'entend point à calculer les ans,
    Coupe les cheveux blonds aussi bien que les
                                            [blancs.

Le Père Lemoine.

> Ces vers sont une paraphrase poétique de cette parole :
> les vieux meurent, les jeunes peuvent mourir. En effet,
> l'âge et la vigueur ne sont pas une garantie contre la
> mort. La tempête qui renverse un tronc vermoulu, brise
> aussi bien les jeunes branches.

*
* *

86. — **C'est bien** de cueillir des fleurs ; au moins
n'est-ce pas mal. Mais casser la branche pour avoir les
fleurs, c'est un acte d'ingratitude, d'imprévoyance,
d'égoïsme, de barbarie.

A. Vessiot.

> C'est un acte d'ingratitude, car on rend le mal pour le
> bien ; c'est un acte d'imprévoyance, car les branches
> ne repoussent pas ; c'est un acte d'égoïsme, car on
> prive les autres d'un plaisir que l'on veut goûter seul.
> C'est de la barbarie, car le propre du barbare, c'est
> de ne rien respecter, de n'avoir pitié de rien et de tout
> détruire pour le plaisir de détruire.

(D'après A. Vessiot.)

*
* *

87. — **Le timide** a peur avant le danger, le lâche au moment du danger, le courageux après le danger.

J.-P. Richter.

Est timide, celui qui n'ose même pas affronter le danger ; lâche, celui qui, contre toute attente, recule au moment décisif ; est vraiment courageux, celui qui, après avoir fait bravement son devoir, et alors seulement que le danger est passé, éprouve un sentiment de peur à la pensée de ce qui eût pu lui arriver.

Dans les mille circonstances de la vie, qui est une lutte quotidienne, dans les nombreux dangers dont nous sommes entourés, dans la paix comme à la guerre, ce qu'il faut désirer avant tout, c'est une âme courageuse et ferme. N'ayons peur que d'une chose : de commettre une lâcheté !

* *

88. — **Entre les grandes choses** que nous ne pouvons pas faire, et les petites choses que nous ne voulons pas faire, nous risquons fort de ne rien faire.

Adolphe Monod.

Méditez cette parole, vous qui semblez disposés à faire quelque chose pour vos semblables et pour votre pays, mais qui trouvez l'œuvre à laquelle on vous convie au-dessous de vos mérites, de votre savoir-faire ou de votre position dans la société.

* *

89. — **Tu vois** un pauvre et tu l'habilles ; mais si tu lui reproches sa pauvreté, c'est comme si tu le déshabillais.

Philémon.

Donne de bon cœur, affectueusement ; que ta manière de

donner et tes paroles fassent plus de plaisir encore que
le bienfait lui-même.

Ne pas se souvenir de ce précepte de charité, c'est s'ex-
poser à froisser le malheureux, à lui faire de la peine,
à lui inspirer même des sentiments d'amertume et de
haine.

On ne donne bien que en donnant en même temps quelque
chose de soi.

* *
*

90. — **N'avoir pas beaucoup**, mais avoir assez,
voilà le vrai bonheur.

Zimmermann.

On peut avoir beaucoup sans avoir assez, comme on peut
avoir assez sans avoir beaucoup. Cela dépend de nos
besoins.

En effet, dans la même mesure où nous leur donnons satisfaction, nos besoins grandissent, se multiplient, en en-
gendrent d'autres auxquels nous ne résisterons pas davantage.

Or, plus on contracte de besoins, plus la vie se complique
et plus on se crée de soucis. Le bonheur ne réside pas
dans le fait d'avoir *beaucoup*, puisque la plus grande
fortune ne saurait suffire à nos appétits déchaînés ; mais
dans le fait d'avoir *assez*, c'est-à-dire dans l'habitude de
limiter ses besoins et de se contenter de ce qu'on a.

* *
*

91. — **Nulle nature** ne peut produire son fruit sans
extrême travail, voire même avec douleur.

Bernard Palissy.

C'est ce que disait l'illustre potier pour se consoler, sans
doute, des luttes qu'il soutenait contre la misère et les
amertumes où le plongeaient ses âpres recherches.

C'est ce que nous devons nous dire aussi pour prendre
courage, pour persévérer malgré les difficultés inhé-
rentes à toute entreprise sérieuse.

92. — **C'est la volonté**, en définitive, qui décide
de la vie de l'homme. C'est l'énergie de la volonté qui
fait l'homme véritable.

Bautain.

> Que de gens qui avaient, semble-t-il, tout ce qu'il fallait
> pour réussir : l'intelligence, l'instruction, la santé, l'ap-
> pui de personnes influentes, la fortune, la conscience
> délicate... et ils n'ont pas fait grand'chose ! La chose
> essentielle leur manquait, la volonté.
> Sans énergie on devient le jouet des circonstances et l'on
> ne résiste pas aux funestes entraînements ; on lutte,
> on ne triomphe pas. La volonté est la souveraine puis-
> sance ; c'est la force motrice de toute action. On n'est,
> on ne devient jamais un homme quand on ne sait pas
> vouloir.

93. — **L'aveu** d'une faute n'est pas une faiblesse,
une force.

Eugène Pelletan.

> Nous aurons beau faire, il nous en coûtera toujours d'a-
> vouer une faute. Tantôt nous ne sommes pas convain-
> cus d'avoir tort, tantôt, pour nous excuser, nous in-
> voquons des circonstances atténuantes ; presque toujours
> cela nous humilie et nous en éprouvons une sorte
> de honte qui est ce qu'on appelle la fausse honte.
> Avouer nettement une faute, et sans se faire prier, est
> donc une preuve de clairvoyance, de sincérité et de
> courage moral. Aussi, quand ce ne sont pas seule-
> ment les lèvres qui parlent, il y a dans l'aveu d'une

faute une véritable force qui nous aide à nous préserver de fautes nouvelles.

94. — L'Alsace.

Dis-moi quel est ton pays :
Est-ce la France ou l'Allemagne ?
C'est un pays de plaine et de montagne,
Que les vieux Gaulois ont conquis
Deux mille ans avant Charlemagne...
Et que l'étranger nous a pris !
C'est la vieille terre française
De Kléber, de la *Marseillaise* (1)...
La terre des soldats hardis,
A l'intrépide et froide audace,
Qui regardent toujours la mort en face !
        C'est la vieille et loyale Alsace !

        Dis-moi quel est ton pays :
Est-ce la France ou l'Allemagne ?
C'est un pays de plaine et de montagne,
Où poussent avec les épis,
Sur les monts et dans la campagne,
La haine de tes ennemis,
Et l'amour profond et vivace,
O France, de ta noble race !
Allemands, voilà mon pays !
Quoi que l'on dise et quoi qu'on fasse,
On changera plutôt le cœur de place,
Que de changer la vieille Alsace !

Erckmann-Chatrian.

(1) Composée, paroles et musique, à Strasbourg, par Rouget de
l'Isle.

95. — **Voulons-nous** acquérir l'amitié d'un homme de bien, soyons homme de bien nous-même..

E. Charton.

L'amitié vraie, en effet, ne peut s'établir et durer qu'entre gens de bien, c'est-à-dire entre gens honnêtes, droits et loyaux ; ils s'estiment d'autant plus qu'ils s'aiment, ils s'aiment d'autant plus qu'ils s'estiment.

96. — **Ne nous lassons** pas de répéter ces mots sacrés : union, oubli, pardon, concorde, harmonie. Faisons la paix sous toutes ses formes, car toutes les formes sont bonnes.

Victor Hugo.

« Ne nous lassons pas de répéter » veut dire : recommandons toujours et partout. Ces mots « sacrés », c'est-à-dire ces mots qui commandent le respect à tous, et qui impliquent le retour à la paix des âmes troublées par les malentendus et les discordes.

« Toutes les formes sont bonnes. » Quand il s'agit de procurer la paix et la concorde, il faut passer sur les considérations secondaires, sur les questions puériles de forme, de politesse, de préséance, de faux amour-propre. Que la fraternité ne soit pas seulement sur nos lèvres, mais dans nos actes ; sans elle la liberté et l'égalité ne sont pas possibles.

97. — **On ne reste** jamais au même état. Qui ne monte pas, baisse. Qui n'augmente pas, diminue.

Michelet.

98. — **La mollesse** ôte à l'homme tout ce qui peut faire les qualités éclatantes.

Fénelon.

> La mollesse ôte l'entrain, empêche l'élan et l'initiative ; elle est ennemie de l'effort.
>
> Mon enfant, vous ne serez jamais un homme si vous ne secouez la mollesse ; elle vous rend impropre à l'action, elle vous empêche de faire acte de volonté. La mollesse n'a pas d'excuse ; c'est une paralysie volontaire, dont on guérit si l'on veut, et dont vous devez guérir à tout prix.

99. — **Il n'est pas** vrai que la force prime le droit ! C'est un mot impie (1), et il n'est pas vrai que le succès soit le dernier mot (2) de tout. Il n'est pas vrai qu'il y ait quelque chose au-dessus de la justice et que l'homme libre doive se prosterner devant le fait accompli.

F. Buisson.

100. — **Cesser de lutter**, c'est commencer à déchoir.

Caro.

> C'est là une vérité absolue dans tous les ordres d'idées.
> Cesser de lutter, c'est s'avouer vaincu ; c'est déserter devant l'ennemi ; c'est le commencement d'une lâche et honteuse défaite. La lutte est la condition de la

(1) Mot impie, car il va à l'encontre du sentiment de justice qui est au fond de nos cœurs.

(2) Le dernier mot : c'est-à-dire le mot sans réplique, qui excuse ou qui justifie les moyens employés, qui absout les malhonnêtetés, les violences, les crimes.

vie. Vivent les vaillants et les courageux ! à bas les lâches et les déserteurs !

.*.

101. — **Rien** n'est si dangereux qu'un ignorant ami :
Mieux vaudrait un sage ennemi.

La Fontaine.

Avec les meilleures intentions, un ami ignorant ou simplement maladroit nous suscite des ennuis, nous fait des ennemis. Sans le vouloir, un ennemi sage nous oblige à nous bien tenir, à être toujours sur le qui vive. C'est tout avantage pour nous.

.*.

102. — **Parlez,** écrivez, agissez, pensez, comme si vous aviez mille témoins.

Mme de Maintenon.

Ainsi vous ne ferez rien dont vous ne puissiez convenir publiquement, et vous vous habituerez à la sincérité absolue en toute chose.

.*.

103. — **L'aisance** et la fortune ne s'acquièrent que par le travail, et ne se conservent que par la correction des mœurs et la dignité de la vie (1).

Charles Dupuy.

.*.

104. — **Ne tenez pas** pour vrai tout ce qu'on dit et ne répétez pas tout ce que vous entendez dire.

***

(1) Paroles prononcées à la tribune de la Chambre par le Président du Conseil en 1893, à propos des affaires de Panama.

« On dit »... « Il paraît ». Méfiez-vous de ces termes
vagues ; ce sont les très habiles et très lâches servi-
teurs de l'indiscrétion, de la perfidie, de la calomnie.
Si vous ne pouvez imposer le silence, oubliez au moins
ce que vous avez entendu ; vous ne vous associerez pas
à une méchante action ; vous n'éprouverez pas les
remords qui en sont les conséquences.

105. — **Il faut** faire le bien parce que c'est le bien.

C'est là la seule considération qui doive nous guider
dans l'accomplissement du devoir ; c'est la seule qui
puisse toujours être avouée. Faire le bien par intérêt
ou égoïsme, c'est un calcul pitoyable qui nous enlève
toute satisfaction. Nous devons être vrais, justes, bons
et vertueux, par amour, par respect de la vérité, de
la justice, de la bonté et de la vertu. C'est là notre
grandeur et notre noblesse.

106. — **Il est inouï** ce qu'on fait avec le temps,
quand on a de la patience et qu'on ne se décourage pas.

Lacordaire.

L'eau qui tombe goutte après goutte finit par creuser la
pierre. Ainsi, rien ne résiste à une action continue,
à un travail énergique et persévérant.
A quels élèves le travail profite-t-il le plus ? A ceux qui
de temps à autre, à l'approche d'un examen par exemple, « donnent un coup de collier », ou à ceux qui travaillent régulièrement et chaque jour ?
La patience simplifie et, en définitive, hâte les choses ; la
ténacité lasse les adversaires. Les impatients et les
découragés perdent leur temps et sont frappés d'im-
puissance.

107. — **La beauté** fascine, l'esprit attire, la bonté
seule retient.

***

La beauté fascine, c'est-à-dire produit une impression
momentanée ; l'esprit attire un instant par ce qu'il a
d'imprévu ; souvent il éloigne par ce qu'il a de bles-
sant. La bonté seule produit une impression bienfaisante et durable ; elle attire et subjugue les cœurs.

*
* *

108. — **La propreté** est la santé de tout le monde :
elle est la richesse et le luxe du pauvre.

***

Rien n'est précieux comme la santé, mais il n'y a guère
de vraie santé là où il n'y a pas de parfaite propreté. Si
vous désirez rester sains de corps et d'esprit, contractez
avant tout l'habitude de tenir propres votre corps,
vos vêtements et votre habitation.
Le plus pauvre peut se donner ce luxe de la propreté,
elle est la condition essentielle de la vigueur physique,
intellectuelle et morale.

*
* *

109. — **Qui sème** le vent, recueillera la tempête.
(*La Bible.*)

Semer le vent est une expression figurée qui, dans
l'ordre moral, signifie semer une mauvaise graine
dont rien n'arrêtera le développement, et dont les effets
pourront prendre de grandes proportions, comme la
brise qui enfle, qui grossit et devient tempête.
Prononcer des paroles inconsidérées, médire du prochain,
suggérer aux autres des sentiments mauvais, commettre des indélicatesses, de petites lâchetés, céder aux

tentations, tout cela c'est semer le vent; c'est se préparer pour moisson la tempête, c'est-à-dire confusion,
regrets, remords, désespoir.

110. — **Qu'un autre** te loue, et non ta bouche; un
étranger et non tes lèvres.

(La Bible.)

> Il est ridicule de se louer soi-même. Que les autres aient
> ou non une bonne opinion de nous, notre témoignage
> personnel est au moins inutile ; il serait trop suspect
> d'ailleurs pour convaincre personne.
> A moins d'avoir perdu tout sentiment de pudeur et de
> modestie, il doit nous répugner de dire du bien de
> nous-mêmes. Nous ne sommes pas, d'ailleurs, assez dés-
> intéressés dans la question pour juger sans parti pris.
> Quand un arbre porte de bons fruits, personne ne s'y
> trompe; on juge l'arbre à ses fruits.

111. — **La première revision** nécessaire est celle
de nos cœurs. Le jour où nous ferons passer l'amour
de Dieu, du prochain et de la patrie avant nos passions
et nos intérêts personnels, la République sera inébranlable, et la France sera grande, forte et prospère (1).

Jules Siegfried.

112. — **Il est bon** de se prosterner dans la poussière quand on a commis une faute ; mais il n'est pas
bon d'y rester.

Chateaubriand.

(1. A propos d'un projet de revision de la Constitution de 1875.

« Se prosterner dans la poussière », c'est-à-dire avouer sa faute, se reconnaître coupable, c'est décharger sa conscience, rendre hommage à la vérité, donner satisfaction aux personnes lésées.

Si l'expression de nos regrets est sincère, à l'humiliation de l'aveu succédera un sentiment de dignité plus prononcé, un sentiment de force et d'énergie morale plus intense. Il importe même que cette transformation ne se fasse pas trop attendre, que nous nous redressions virilement et que nous reprenions la lutte.

113. — **Heureux** ceux qui goûtent les charmes de l'étude et pour qui la culture de leur esprit et de leur cœur est devenue la source des plus nobles jouissances.

Gauthey.

Pourquoi ? Parce que ceux qui cherchent à s'instruire s'éloignent, comme d'instinct, de tout ce qui est vulgaire ; ils tendront, dans la vie intellectuelle et morale, vers ce qui est beau, vrai et bien.

114. — **A chaque affaire** son moment, et à chaque chose sa place.

En s'occupant de plusieurs affaires en même temps, on n'en fait bien aucune. En ne mettant pas les choses à leur place, on perd beaucoup de temps à les retrouver, et l'on néglige d'autres devoirs.

115. — **Les véritables** jours de fête pour toi doivent être ceux où tu as surmonté une tentation et où tu as chassé loin de toi, ou du moins affaibli quelque vilain défaut.

Epictète.

Avoir raison de soi-même n'est pas chose aisée ; aussi, quand la tentation a été dominée, quelle joie d'avoir été vainqueur !

Céder à un défaut, c'est lui donner plus de prise sur nous, jusqu'à ce que nous en soyons l'esclave.

Lui résister victorieusement, c'est l'affaiblir, c'est prendre « barre sur lui », c'est s'affranchir de sa domination, c'est triompher, et il n'y a pas de plus grand triomphe que celui-là.

.**.

116. — Deux chiens ne sont pas vaincus par un chacal.

(Proverbe des Bassoutos.)

H. Dieterlen.

Un chacal aurait raison de chacun des deux chiens pris isolément. Mais si ceux-ci se soutiennent, ils tiendront tête au chacal. Ce proverbe exprime, sous une forme originale, cette idée : L'union fait la force.

Frères, amis, restez unis, vous serez forts. Le chacal représente l'esprit du mal ; les chiens, au contraire, sont là-bas (comme un peu partout) des bêtes bienfaisantes. La victoire des chiens sur le chacal est une image qui doit nous encourager à nous unir de toutes nos forces contre la puissance du mal.

.**.

117. — Ne croyez pas facilement avoir rencontré un ami ; mais si vous êtes sûr de le posséder, efforcez-vous de ne jamais le perdre.

***

Ne vous mettez pas trop vite sur un pied d'intimité avec les camarades qui vous plaisent ; attendez, pour vous lier, que vous les connaissiez bien : peu de gens sont capables et dignes d'être de vrais amis !

Quand vous en avez trouvé un vrai, un fidèle, un dévoué, faites l'impossible pour le garder, pour vous l'attacher toujours davantage et pour être toujours plus digne de lui.

118. — **La gloire** est plus facile à acquérir que la vertu : on peut arriver à la première en combattant ses semblables ; on n'atteint la seconde qu'en se combattant soi-même.

Il s'agit ici surtout de la gloire militaire. Combattre nos semblables est, en effet, plus aisé que de combattre nos secrets penchants et nos mauvais désirs. Mais cela est vrai aussi pour la gloire pacifique du savant, de l'inventeur, de l'explorateur ; pour celle de l'écrivain, du poète, de l'artiste, du compositeur.

Ces gloires sont en partie le fruit du talent ou du génie, c'est-à-dire d'heureuses dispositions innées ; elles supposent néanmoins beaucoup de travail, d'énergie, de persévérance, et en ce sens les hommes célèbres ont tous eu des luttes à soutenir contre eux-mêmes.

Cependant on peut être un homme illustre sans être un homme vertueux.

Admirez la renommée, applaudissez à la gloire, mais plaignez celui chez qui les vertus de l'homme public ne sont pas complétées par celles de l'homme privé. Il ne fait pas à son pays tout le bien qu'il pourrait, quelquefois il lui fait du mal.

119. — **Sans idéal**, la vie n'est qu'une vie animale ; c'est une terre sans ciel et sans étoiles.

A. Vessiot.

Rien n'est terne, pauvre et triste comme l'état d'âme habituel de celui qui n'a point d'idéal, c'est-à-dire dont les préoccupations ne vont pas au delà de son travail et de ses besoins matériels, qui vit terre à terre, se perd dans les petites choses, sans élan, sans ardeur, sans enthousiasme. Il vit sevré des jouissances les plus pures, privé des espérances les plus consolatrices ; il rampe en quelque sorte, alors qu'il devrait s'élever vers le ciel.

120. — **Les bonnes manières** ne sont pas choses futiles, mais le fruit d'une noble nature et d'un esprit loyal.

Emerson.

On ne tarde pas à s'apercevoir ce qu'il en est des manières d'un homme, si elles sont affectées pour masquer l'absence de qualités sérieuses, ou si elles sont le résultat d'une bonne éducation.

Celui qui est honnête dans ses pensées et dans ses paroles, qui a l'esprit droit, et qui rend loyalement à chacun ce qui lui est dû, à l'un l'obéissance, à l'autre le respect, celui-là n'a guère besoin de se composer un maintien ; ses manières sont bonnes comme sa nature ; elles sont le reflet de ses dispositions intérieures.

121. — **Le juste** a pitié de son bétail.

(*La Bible.*)

Le bétail est le compagnon, l'aide et quelquefois la richesse du campagnard. Tel paysan traite ses bêtes avec autant de sollicitude que s'il s'agissait des membres de sa famille. Nous devons être bons pour les animaux ; et d'autant plus qu'ils ne peuvent guère se défendre contre la cruauté et les brutalités. N'avoir pas pitié de

son bétail, c'est le fait d'un homme à la fois dur à l'excès
et peu soucieux de ses intérêts.

Il est humiliant de dire qu'on a été obligé de former une
« société protectrice des animaux ». Tourmenter les
bêtes, c'est signe de mauvais cœur et de lâcheté, quand
ce n'est pas signe de bêtise.

122. — **Heureux** ceux qui ont le cœur pur, car
ils verront Dieu.

(La Bible.)

Défendez-vous avec soin, chers enfants, de toute pensée
qui troublerait la pureté de votre cœur. Peut-on jouir
du ciel bleu à travers des vitres ternies ?

Si vous voulez « voir Dieu », c'est-à-dire jouir d'un bonheur parfait, gardez votre cœur et votre esprit à l'abri
de toute souillure.

123. — **Faites choix** de quelque homme de bien,
et, avant d'agir, posez-vous cette question : Le ferais-
je devant lui ?

Faites ce choix. Posez-vous cette question ; mais surtout
tenez-vous pour lié par la réponse que vous fera votre
conscience.

124. — .... **Ah ! je voudrais**
Je voudrais n'être pas Français pour pouvoir dire
Que je te choisis, France, et que, dans ton martyre,
Je te proclame, toi que ronge le vautour,
Ma patrie et ma gloire et mon unique amour.

Victor Hugo.
(Décembre 1870.)

En décembre 1870, notre pays était occupé par l'étranger. Strasbourg, Metz avaient succombé. Paris, après une résistance héroïque, allait capituler, réduit par la famine et les maladies. Nos armées étaient détruites. Dans ces jours sombres, plus d'un « ami », individu ou nation, tourna le dos à la France.

C'est à ce moment que le poète écrivit cette strophe ardente. Il regrette de n'être pas un étranger, parce qu'il demanderait à être Français. Il proclamerait, pour la patrie de son choix, la France malheureuse.

***

125. — **Parmi les maladies** de l'âme, les unes sont dangereuses, les autres odieuses, les autres ridicules. Le bavardage est à la fois ridicule, odieux et dangereux.

Plutarque.

Le bavardage est ridicule, on se moque des bavards.

Il est odieux, car le bavard se fait inconsidérément le porteur de toutes sortes de nouvelles déplaisantes, que sans lui on eût ignorées sans inconvénient.

Il est dangereux, car ceux qui révèlent leurs secrets ou ceux des autres ne soupçonnent pas le mal qu'ils peuvent occasionner.

***

126. — **Le droit** et le devoir sont comme deux palmiers, qui ne portent point de fruits s'ils ne croissent à côté l'un de l'autre.

Lamennais.

Le palmier ne porte de fruits qu'à condition d'avoir un compagnon qui le complète. Séparez-les, ils sont stériles ; réunissez-les, ils prospèrent et portent des fruits. Il en est de même des droits et des devoirs.

A chaque droit correspond un devoir. Vous avez le droit
d'être aimés et bien traités, vous avez le devoir d'aimer
et d'obéir ; vous avez le droit d'être instruits, vous
avez le devoir d'apprendre, d'écouter et de travailler ;
vous avez le droit d'être protégés par la société, vous
avez le devoir de la défendre contre ceux qui l'atta-
quent ou lui font du tort.

Certaines gens ne pensent qu'à leurs droits et oublient
leurs devoirs ; ils sont une cause de désordre et d'ap-
pauvrissement pour la société.

127. — **L'ignorance** est la nuit de l'esprit, mais
une nuit où il n'y a ni lune ni étoiles.

(Proverbe chinois.)

L'ignorant erre dans l'obscurité. Il est à la remorque des
mauvais entraîneurs, des braillards, des fauteurs de
désordre, parce qu'il ne sait pas et parce qu'il ne comprend pas. S'il avait un peu d'amour-propre et de
dignité, son ignorance finirait par lui peser ; mais généralement l'ignorant est pervers et corrompu ; car il fait
nuit aussi bien dans sa conscience que dans son esprit ;
il n'y a ni lune ni étoiles pour le guider.

Amis, vous ne pourrez jamais être assez reconnaissants
de l'instruction que vous recevez, et jamais vous n'aimerez et ne respecterez assez vos maîtres pour toute la
peine qu'ils se sont donnée.

128. — **Un métier** vaut un fonds de terre.

Dans les familles où l'on ne possède pas de fonds de terre
étendu, les enfants apprennent un métier.

Ce métier, si on le connaît bien, et si on s'y applique,
nourrit celui qui l'exerce, ainsi que les siens, et lui permet de faire des économies ; il vaut un fonds de terre.

129. — **On est toujours joyeux** le soir quand on
a employé utilement la journée.

(Imitation de Jésus-Christ.)

> La certitude d'être joyeux porte ceux qui ont éprouvé la
> vérité de cette maxime à mieux employer leur jour-
> née ; et mieux ils l'emploient, plus ils se préparent de
> satisfaction pour le soir.

*
* *

130. — **L'envie** est la vermoulure des os.

(La Bible.)

> Vous avez vu du bois creusé par des vers : sillonné de
> canaux remplis de vermoulure, il est impropre à tout
> usage ; des maisons de belle apparence se sont écrou-
> lées soudain, à la suite du travail intérieur accompli
> par les tarets (1).
> Ainsi l'envie ronge en secret la joie de vivre, les forces
> morales et même la santé de celui sur qui elle a prise.
> Il envie toujours quelque chose, il porte toujours envie
> à quelqu'un. Il en arrive à croire que les autres sont
> heureux à ses dépens ; son caractère s'aigrit, on s'éloi-
> gne de lui, et il s'irrite davantage. La Bible dit bien :
> L'envie est la vermoulure des os, c'est-à-dire la ruine
> de ce qui fait la force et la vie.

*
* *

131. — **Vous avez** tort de mériter des réprimandes ; vous avez tort aussi de ne savoir pas les supporter.

(Maxime chinoise.)

---

(1) Petit mollusque qui s'attaque au bois et cause souvent de
grands ravages dans la coque des vaisseaux, aussi bien que dans
les maisons bâties près des ports.

Ne pas supporter les réprimandes méritées, ou les supporter de mauvaise humeur est un tort grave, puisque la réprimande est la conséquence inévitable d'une faute qu'il fallait ne pas commettre.

Celui qui cherche à échapper aux réprimandes autrement qu'en les prévenant, s'engage dans les sentiers tortueux et glissants de la dissimulation ; or, il est toujours difficile d'en sortir.

132. — Le travail du matin vaut de l'or.

(Proverbe hollandais.)

Le matin, l'esprit est frais et dispos, la pensée active et calme, le corps est reposé ; c'est le moment le plus favorable pour le travail personnel.

Les grands travailleurs le savent bien ; à de rares exceptions près, ils se lèvent tous de grand matin.

Le travail du matin vaut de l'or, disent les Hollandais ; c'est-à-dire, au matin le travail produit plus qu'à n'importe quel moment de la journée ; il vaut mieux surtout que le travail du soir. Or, les Hollandais sont des travailleurs patients, tenaces, infatigables ; ils s'y connaissent, on peut s'en rapporter à eux.

133. — Faire pour autrui, en toute rencontre, ce que nous voudrions qu'il fît pour nous (1), voilà la charité.

Lamennais.

134. — En donnant, tu te prépares de la nourriture.

(Proverbe des Bassoutos.)
H. Dieterlen.

(1) Si nous étions à sa place et lui à la nôtre.

C'est-à-dire votre bonté, votre générosité fait naître chez
celui qui en est l'objet un sentiment de reconnaissance
que vous constaterez avec plaisir et qui, à l'occasion,
se traduira même par un bienfait en retour.
N'oublions pas que la bienfaisance ne doit jamais avoir
un caractère intéressé. Nous qui nous inspirons de
principes plus élevés que les Bassoutos au sud de
l'Afrique, nous faisons le bien pour le plaisir de le
faire, sans rien attendre en retour.

⁂

135. — **La médisance** est un mal qui trouble la
société, qui jette la division dans les cités et dans les
familles, qui désunit les amitiés les plus étroites, qui
est la source des haines et des vengeances, qui remplit
tous les lieux où elle entre de désordre et de confusion.

Massillon.

Médire (mal dire), c'est révéler sans nécessité le mal
que nous savons sur le compte d'autrui. Notre maxime
décrit les funestes effets de la médisance. Ajoutons
qu'elle remplit d'amertume le cœur de celui que
nous visons et fait de lui notre ennemi. Mieux vaudrait reprendre notre prochain sous quatre yeux ;
il nous saurait peut-être gré de cette preuve d'amitié
et s'amenderait.
Nous n'avons pas, d'ailleurs, le droit de colporter le
mal que nous savons sur le compte d'autrui. La loi le
défend ; elle déclare les médisants passibles des tribunaux et les punit, sans même examiner l'exactitude
de leurs dires, et sans admettre la preuve de leurs
assertions.

⁂

136. — **Aide-toi**, le ciel t'aidera.

La Fontaine.

On ne s'intéresse guère aux gens indolents qui, pour apaiser leur faim, semblent compter sur le passage de cailles toutes rôties ; comment s'employer pour celui qui ne fait rien pour se tirer d'affaire?

Par contre, la sympathie générale va vers celui qui fait preuve de courage et d'initiative. De là vient ce cri de La Fontaine : « Aide-toi, et le ciel t'aidera! » Il signifie : Aie bon courage; ceux qui te verront à l'œuvre, s'empresseront de te venir en aide; ta foi grandira ; tes forces seront doublées ; les circonstances tourneront en ta faveur; le ciel même, c'est-à-dire la Providence, t'aidera.

137. — **Partage** ton pain avec celui qui a faim, et fais entrer dans ta maison les malheureux sans asile.

Si tu vois un homme nu, couvre-le, et ne te détourne pas de ton semblable.

(*La Bible.*)

Si nous rencontrons la misère, soulageons-la dans la mesure de nos moyens ; et surtout ne cherchons pas de prétexte pour nous en détourner.

138. — **La pauvreté** est compensée par l'intelligence ; le vêtement usé, par la propreté ; la maigre chère, par l'art de l'apprêter ; la laideur, par de nobles pensées.

(*Maxime indoue.*)

139. — **Franchise, Espérance.**

Ah! **terre** merveilleuse! Oh! beau pays de France,
Don le nom dit : Franchise, et l'histoire : Espérance!

E. Manuel.

Le nom de notre pays vient de « franc », racine du
mot : franchise.

L'histoire nous apprend que la France s'est toujours
relevée de ses malheurs plus forte et plus vivace. Ce
glorieux passé doit nous inspirer confiance dans sa
vitalité, et nous faire espérer un non moins glorieux avenir.

La France entière pourrait avoir pour emblème le vais-
seau des armes de Paris qui est battu par les flots, mais
qui jamais n'est submergé. Franchise et loyauté, espérance et confiance, voilà bien la devise de la France et
des bons Français. Mettons-la en pratique et que la
patrie soit fière de ses enfants!

140. — Où vertu guide, l'honneur suit.

La Trémoïlle.

Si vos desseins sont inspirés par des sentiments conformes
à la vertu, n'ayez peur ; allez de l'avant. Vous pouvez
avoir des difficultés, des luttes, mais vous n'aurez pas
à craindre la désapprobation des honnêtes gens. L'honneur est une des récompenses de la vertu.

Nous ne pouvons être honorables et honorés que
si nous sommes vertueux, c'est-à-dire si nous sommes, en toute occasion, inspirés par la haine du mal
et par l'amour du bien.

141. — Une bonne semaine.

Mon Dieu, pendant cette semaine,

Dans mes leçons et dans mes jeux,

Garde-moi de faute et de peine ;

Car qui dit l'un, dit tous les deux.

Donne-moi cette humeur docile

Qui rend le devoir plus facile ;

Et si ma mère m'avertit,
Au lieu de cet esprit frivole
Que distrait la mouche qui vole,
Seigneur, donne-moi ton esprit.

Mme Amable Tastu.

142. — **Il faut être,** dit-on, comme les autres. Ce « comme » s'étend bien loin. Ayez une émulation plus noble : ne souffrez pas que personne ait plus d'honneur et de droiture que vous.

Mme de Lambert.

Si, en disant qu'il faut être comme les autres, nous pensions à ceux qui sont meilleurs que nous, ce serait parfait. Mais nous pensons plutôt à un niveau moral moindre que nous abaissons plutôt que nous ne l'élevons.

« Etre comme les autres », c'est une manière détournée d'excuser nos faiblesses, d'être complaisants et indulgents envers nous-mêmes ; c'est en somme de l'hypocrisie.

Prenons garde d'être trop facilement satisfaits de notre état moral ; ne cessons d'aspirer à un idéal élevé, ayons de hautes ambitions, et avant tout celle de pouvoir servir d'exemple à autrui en fait d'honneur, de loyauté, de droiture et d'honnêteté.

143. — **A côté du courage** qui agit, il y a le courage qui accepte. Plus humble, plus voilé que l'autre, ce dernier est peut-être plus réel.

C'est en tout cas celui que doit avoir la femme, pour être à la hauteur de sa mission et bien remplir sa tâche.

Mgr Landriot.

Le courage qui agit, c'est le courage que déploie
l'homme dans les luttes diverses de la vie ; il suppose,
avec l'énergie de la volonté, une certaine force physique.

Le courage qui accepte, c'est le courage qui tient à la fois
de la résignation et de l'amabilité, de la bonté et de la
fermeté, de la douceur et de la persévérance ; il est
fait d'abnégation et de dévouement. C'est le courage
propre à la femme qui est à la hauteur de sa tâche ; il
semble être plus modeste, il s'exerce surtout au foyer
domestique, mais il n'en est pas moins admirable.

144. — **Quoi de plus juste** que le travail ! Cette
loi commune tourne à l'avantage de quiconque s'y
soumet avec énergie et probité.

O. Gréard.

Vous vous soumettez à contre-cœur à la sainte loi du travail ? Tant pis pour vous : vous travaillerez en esclave,
sans joie, sans prendre intérêt à ce que vous faites
sans en retirer aucun profit moral.

Soumettez-vous à cette loi avec probité, c'est-à-dire de
bon cœur, et sans arrière-pensée ; énergiquement, c'est-
à-dire appliquez-vous-y de toutes vos forces. Et la loi
qui vous semblait injuste et dure vous paraîtra juste et
bienfaisante.

145. — **La mode** s'est perdue, et pour cause, de
dire : « Heureux comme un roi ! » La mode se perdra
de dire : « Heureux comme un riche ! »

Mais on dira toujours : « Heureux comme un homme
de devoir ; heureux comme un homme de famille ;

heureux comme un homme bienfaisant : heureux comme un homme libre (1) ! »

A. de Gasparin.

146. — Ceux qui contractent à l'égard de leurs frères et de leurs sœurs des habitudes de malveillance et de grossièreté, restent grossiers et malveillants avec tout le monde.

Paul Janet.

> Ce fait, observé et constaté ici par un grand philosophe, nous donne à réfléchir. Tant de gens se figurent que dans l'intimité de la famille, la brusquerie et le manque d'égards ne tirent pas à conséquence!
> Ceux qui auront pris cette déplorable habitude pourront bien, à un moment donné, « faire l'aimable », ce ne seront jamais des hommes « bien élevés » ; ils essaieront de se faire passer pour ce qu'ils ne sont pas, mais on ne s'y trompera pas.

147. — Quatre bons conseils : Se lever matin. Ne jamais remettre au lendemain ce qu'on peut faire le jour même. Ne faire qu'une chose à la fois. Etre de bonne humeur.

***

148. — Le vrai courage est toujours ce qu'il doit être ; il ne faut ni l'exciter ni le retenir. L'homme de bien le porte partout avec lui ; au combat, contre l'en-

(1) Un homme *libre*, c'est un homme assez indépendant de caractère pour n'être l'esclave de rien ni de personne, toutes les fois qu'il s'agit de bien faire, de défendre une cause juste, d'affirmer ce que, dans sa conscience, il croit être la vérité.

2***

nemi ; dans un cercle, en faveur des absents et de la
vérité ; dans son lit, contre les attaques de la douleur
et de la mort.

J.-J. Rousseau.

> Le vrai courage s'excite et se retient lui-même. Il se
> manifeste dans toutes les circonstances de la vie : en
> face de l'ennemi comme dans la défense des faibles,
> des opprimés, des pauvres, des calomniés, des absents,
> de ceux qui sont victimes de l'injustice et de la force bru-
> tale ; il s'affirme enfin dans les souffrances, physiques
> ou morales, et même en face de la mort. Que notre
> conscience nous permette d'être de ces courageux qui
> ne tremblent pas !

*
* *

149. — **L'obéissance** aux lois est la première
vertu des citoyens, et la soumission à la règle sera
toujours la vertu fondamentale des écoliers.

H. Marion.

> La règle de l'école sauvegarde l'intérêt des écoliers en
> général. Une infraction quelconque à cette règle porte
> préjudice à tous les élèves ; c'est pourquoi le premier
> devoir de l'écolier est de se soumettre à l'ordre établi.
> De cette soumission découlent toutes les vertus du bon
> élève.
> en est de même de la loi : elle est faite dans l'intérêt
> de tous et de chacun ; elle est la condition essentielle
> de l'ordre public. Le premier devoir du citoyen est
> donc de la respecter. S'il le fait sans récriminations,
> même si elle heurtait passagèrement ses intérêts per-
> sonnels (ce qui peut arriver), il fera preuve de vertu
> civique.
> Par l'obéissance aux lois, nous faisons l'apprentissage
> de la liberté.

150. — **Tout homme** inactif est un dissipateur sans probité, puisqu'il ne cesse d'emprunter et ne rend pas.

A. Du Mesnil.

151. — **Quand les habitants** de Crète voulaient maudire quelqu'un : « Dieux puissants, disaient-ils, donnez-lui une mauvaise habitude ! »

Cette prière singulière est de nature à faire réfléchir les jeunes gens qui s'appliquent pour ainsi dire à se créer des besoins factices (boissons, liqueurs, tabac) ou qui contractent des habitudes dont ils auront beaucoup de peine à se défaire. Un ennemi seul aurait intérêt à les leur donner.

152. — **Quel outil** admirable que la main ! l'outil qui fait tous les autres ! le mieux fait, le plus ingénieux qui soit **au monde**; d'une souplesse, d'une adresse et d'une force étonnante, et capable d'accomplir de véritables prodiges ! Eh bien ! cette main est un capital, un capital vivant ; c'est le seul que possèdent bien des gens, le seul peut-être que vous posséderez jamais. Mais pour que ce capital rapporte intérêt, il faut le faire travailler, il faut l'armer d'un marteau, d'une aiguille ou d'une plume.

A. Decoppet.

Méditez cette page. Maniez le marteau, l'aiguille ou la plume, mais ne salissez jamais votre main à une vile besogne. Soyez la main du serrurier qui cherche à nous donner la sécurité, n'aidez jamais la main du malfaiteur qui fabrique de fausses clés. Soyez la main du soldat qui défend son pays, ayez en horreur celle du criminel qui attente à la vie d'autrui. Admirez la main du poète qui écrit des pages dont la lecture nous émeut et nous fait aimer le bien, méprisez la plume du pamphlétaire ou du chansonnier malpropre qui excite la jeunesse au vice et à la débauche.

153. — **Un certain Grec** disait à l'empereur Auguste
Comme une instruction utile autant que juste,
Que, lorsqu'une aventure en colère nous met,
Nous devons, avant tout, dire notre alphabet ;
Afin que, dans ce temps, la bile se tempère,
Et qu'on ne fasse rien que l'on ne doive faire.

Molière.

Dire son alphabet ou compter jusqu'à cent, ce sont d'excellents conseils, mais qu'il ne faut pas prendre au pied de la lettre. Nous ne devons pas nous laisser gagner par la colère, ne rien dire, ne rien faire sous l'empire de cette passion ; presque toujours, en effet, nous regrettons nos paroles ou nos actes. La colère est un accès de folie ; avant de parler ou d'agir, il faut attendre qu'il soit passé.

154. — **Il se faut** entr'aider ; c'est la loi de nature.

La Fontaine.

Nous devons aider notre prochain et, à un moment donné, pouvoir compter sur lui. Que serait l'homme le plus accompli s'il était réduit à ses seules forces ?
Combien ne faut-il pas de mains différentes pour préparer un seul objet d'habillement, un seul outil, un seul volume ; et cependant on les livre à des prix relativement minimes. Comptez les anneaux de la chaîne qui va du semeur qui sème le blé, aux enfants qui mangent le pain. Songez à tous les auxiliaires dont ont besoin le

semeur, le moissonneur, le batteur de blé, le meunier, le boulanger. Songez au couteau même dont vous vous servez : combien de savants, d'inventeurs, de négociants, d'ouvriers, ont contribué à l'établir !

(A rapprocher de « *Le Songe* » par Sully-Prudhomme.)

155. — **Travailler** c'est savoir jouir ;
L'oisiveté pèse et tourmente.
L'âme est un feu qu'il faut nourrir,
Et qui s'éteint s'il ne s'augmente.

La plus belle flamme tombe, et bientôt s'éteint, si on ne l'alimente.
Il en est de même de notre intelligence, de notre esprit d'initiative, de notre vie morale, de notre âme enfin qui met en mouvement toutes nos facultés. La lutte, le travail, les aspirations élevées peuvent seuls nous préserver d'une déchéance prématurée.

156. — **Il faut** que la patrie soit sentie à l'école.
Michelet.

Chaque enfant doit avoir le sentiment de ce qu'est la patrie et de ce qu'il lui doit.
Il doit l'aimer cette mère qui le nourrit et l'élève, qui l'instruit et le protège. La patrie doit être l'objet de son orgueil, de ses ambitions, de ses espérances ; il doit se préparer à la servir, et, au besoin, à se sacrifier pour elle.
Enfants, vous avez le sentiment de votre patrie si vous aimez vos parents, si vous obéissez à vos maîtres, si vous êtes de bons camarades, si vous travaillez à l'école, si vous faites honneur à votre famille et à la commune que vous habitez. Alors, mais alors seulement, vous êtes dignes de crier : Vive la France !

157. — **Nulle société** n'est possible sans le devoir ;
car, sans lui, nul lien entre les hommes. Il comprend
la justice et la charité.

Lamennais.

> Il n'est pas possible que des hommes vivent en société
> s'ils ne comprennent pas qu'ils ont des devoirs à
> remplir les uns envers les autres. Les principaux de ces
> devoirs, ceux qui renferment tous les autres, consistent
> à être juste et bon.
> La justice et la charité sont les deux grandes vertus
> sociales. Par la justice vous ne faites pas à autrui ce
> que vous ne voudriez pas qu'on vous fît à vous-même.
> Par la charité vous faites à autrui ce que vous voudriez
> qu'on vous fît à vous-même.

*
* *

158. — **Le fruit** de l'activité dépend, dans une
certaine mesure, de l'emploi qu'on fait de ses loisirs.
Les bonnes distractions rendent l'homme meilleur ;
les distractions malsaines sont toujours funestes à
celui qui s'y livre et deviennent un élément dissolvant
dans la société.

C. Wagner.

> Si nous ne réussissons pas ou si nous réussissons mal, si
> nous sommes mécontents de nous-mêmes et maussades,
> la cause du mal remonte très souvent à l'emploi que
> nous avons fait de nos loisirs. Voilà un ennemi d'autant
> plus à craindre qu'on s'en méfie moins.
> Il est des distractions (marches, exercices corporels, bonnes
> lectures, sociétés de chant ou de musique), qui
> entretiennent l'activité de notre corps et de notre
> esprit.

D'autres, au contraire (compagnies douteuses, mauvaises lectures, jeux de hasard), nous jettent hors de notre équilibre physique et moral ; fuyons-les. Mieux vaut travailler que de se distraire ainsi.

159. — Aidons-nous mutuellement,
La charge des malheurs en sera plus légère ;
Le bien que l'on fait à son frère
Pour le mal que l'on souffre est un soulagement.

Florian.

En faisant du bien à notre frère, nous éprouverons de la satisfaction, et cette satisfaction atténuera nos peines et nos souffrances ; de plus, en nous occupant à soulager les maux d'autrui, nous penserons moins aux nôtres.

160. — Les besoins réels une fois satisfaits, les choses matérielles contribuent peu au bonheur véritable et y nuisent souvent.

E. Charton.

Les besoins réels sont : une nourriture saine et suffisa...e, un vêtement et un logement convenables. Ces besoins satisfaits, nous sommes en situation d'être ce qu'on appelle des « gens heureux », si rien en nous-mêmes ne s'y oppose, c'est-à-dire si nous sommes contents de notre sort et si nous avons une conscience tranquille.

Le bien-être et l'aisance peuvent contribuer au bonheur, mais ils ne l'assurent pas ; celui-ci réside dans le cœur de l'homme.

Souvent, le superflu nuit au bonheur ; il crée des soucis et même des tourments, complique la vie, favorise in-

dolence, excite les mauvaises passions. Heureux ceux
qui savent le mettre au service de moins favorisés
qu'eux.

161. — **Espère**, enfant ! demain ! et puis demain encore,
    Et puis toujours demain ! croyons dans l'avenir.
    Espère ! et chaque fois que se lève l'aurore,
    Soyons là pour prier comme Dieu pour bénir !

Victor Hugo.

Quand tout est sombre dans notre vie, dans notre esprit,
l'Espérance, la divine messagère, nous dit à l'o-
reille : « Regarde en haut. La Providence veille sur
toi ; la maladie, la misère, ne séviront pas toujours ;
le soleil de la délivrance se lèvera et te réchauffera
de ses rayons ! Sèche tes larmes ; prends courage ;
demain le ciel sera pur et tes maux auront disparu ».

161. — **Il n'est pas** de pauvre ou d'affligé qui ne
puisse secourir et consoler un plus malheureux que lui.

Nous regardons volontiers au-dessus de nous, à ceux qui
sont plus favorisés par les circonstances ; ainsi nous
nous aigrissons et nous devenons envieux.
Apprenons plutôt à regarder au-dessous de nous, à ceux
qui sont plus à plaindre et pour qui la lutte est plus
pénible. Aidons-les, consolons-les, nous sentirons moins
nos propres misères et nous les supporterons plus vail-
lamment.

163. — **Ceux qui ont** le plus de défauts sont les
premiers à remarquer les défauts des autres.

F. Bacon.

Pourquoi cela ? 1° Ils sont très peu occupés à s'observer
et à se corriger eux-mêmes.

2° Ils croient trouver dans les défauts des autres comme
une excuse aux leurs.

3° Ils s'imaginent être d'autant plus parfaits que les autres
leur paraissent plus imparfaits.

D'ailleurs, relever les travers d'autrui est un défaut
très commun, et il est naturel que celui qui a beaucoup de défauts ait celui-là.

164. — **Tout effort** est une affirmation de la vie.
Ceux-là seuls se sentent vivre qui font des efforts courageux.

Au moral comme au physique, vivre, c'est grandir et se
développer ; or, on se développe en agissant, en luttant,
en s'efforçant de vaincre les obstacles et de triompher
des ennemis. L'inaction, l'indolence, le laisser-aller,
c'est le repos, c'est la mort. Pour vivre il faut
toujours être au « qui vive », prêt à la bataille ; il faut
exercer ses forces pour devenir plus fort. Chaque effort
en amènera un autre ; ainsi notre vie intellectuelle et
morale augmentera sans cesse, parce que nous ne
serons jamais satisfaits des résultats acquis. Notre devise
sera : En avant ! toujours en avant !

165. — **Une pensée** inflexible me saisit chaque
soir à l'instant où je mets la main sur le premier bou-
ton de mon habit pour me déshabiller, et me dit :
« Voilà ta démission d'un des jours qui te furent
donnés, qu'en as-tu fait ? »

Mirabeau père.

Les jours dont se compose la vie nous ont été donnés ou
confiés , comme un dépôt de l'emploi duquel nous
sommes responsables. Oui, rien n'est salutaire comme
cet examen de conscience qui consiste à se demander
chaque soir : Qu'ai-je fait de ces heures qui déjà ne
m'appartiennent plus et dont j'ai à rendre compte ?
Ne pensez-vous pas que le lendemain y gagnerait beaucoup ?

166. — **Le plus grand** secret pour le bonheur,
c'est d'être sincère avec soi-même.

E. Cazeaux.

Qu'est-ce que « être sincère avec soi-même ? » C'est
mettre nos actes d'accord avec notre pensée, nos paroles avec notre vie, c'est ne pas exagérer notre savoir,
nos mérites, nos qualités.
Cette sincérité est le secret du bonheur, parce qu'elle
nous préserve des illusions sur nous-mêmes et des
fausses appréciations sur notre personne; elle nous fait
éviter ce qui est faux et trompeur et rétablit l'harmonie
entre notre vie du dehors et notre vie intérieure. Or,
qui dit harmonie, dit bonheur.

167. — **Le mensonge** paraît un chemin bien court,
mais la fosse est au bout où le menteur se précipite.

Amyot.

Le menteur est presque toujours victime de son vice ;
il se trompe lui-même en voulant tromper les autres,
il tombe dans la fosse où il voulait faire tomber autrui ;
c'est une règle qui a peu d'exceptions.

168. — **Je vous exhorte** à mettre l'amitié au-des-

sus de tous les biens, après la vertu qui doit avoir le
premier rang et qui est la base de l'amitié même. .

Cicéron.

> Sans la vertu, qui commande l'estime, il n'y a pas d'amitié
> possible ; il n'y a que des gens qui s'exploitent récipro-
> quement, des alliés d'un jour, des conjurés, des com-
> plices.
> Quand l'amitié repose sur la vertu, elle est vraie et so-
> lide ; elle est le bien suprême, le trésor par excellence.

*
* *

169. — Mieux vaut un morceau de pain sec avec
la paix, qu'une maison pleine de viande, avec des querelles.

(*La Bible.*)

> On ne vit pas heureux par le seul fait de vivre dans l'ai-
> sance ou dans l'opulence ; encore faut-il la tranquillité
> et la paix au foyer domestique, l'affection mutuelle et
> réciproque des membres de la famille. Quand on est à
> l'abri du besoin, les choses extérieures, honneurs, ri-
> chesses, contribuent très peu au bonheur.
> Il y a des maisons modestes, pauvres même, où l'on vit
> uni ; dans telle riche demeure règnent la jalousie et
> les divisions. Où est le bonheur ?

*
* *

170. — Quand on gaspille son temps, on gaspille
la vie, on la perd ; quand, au contraire, on emploie bien
le temps, quand on force chacun des rapides instants
dont il est composé à porter intérêt, c'est-à-dire à
produire quelque chose de bon pour les autres ou pour
soi-même, on se fait une vie riche et féconde (1).

A. Decoppet.

*
* *

(1) Féconde, c'est-à-dire utile : ajoutons : une vie honorable et
honorée.

171. — **Ne pas faire** à autrui ce que nous ne voudrions pas qu'autrui nous fît, voilà la justice(1).

Lamennais.

Que de gens qui semblent ne pas s'en douter !

172. — **Pensez-y bien,** jeune homme : que sont dix, vingt, trente ans pour un être immortel ? La peine et le plaisir passent comme une ombre ; la vie s'écoule en un instant. Le bien seul qu'on a fait demeure, et c'est par lui qu'elle est quelque chose.

J.-J. Rousseau.

173. —**Rien ne sert** de courir ; il faut partir à point.

La Fontaine.

Dans toute classe il y a les « lièvres », élèves qui ont de grandes facilités, et les « tortues », leurs camarades, qui comprennent et qui avancent moins vite. Que de « lièvres », en classe, se laissent rejoindre par les « tortues » !

Courage, vous, mes amis, qui avez besoin de plus de temps pour apprendre vos leçons et qui les savez quand même. Par votre régularité, votre ténacité, vous distancerez dans la vie plus d'un dont vous enviez aujourd'hui la grande facilité.

174. — **Trois beaucoup** et trois peu sont pernicieux à l'homme :

(1) Voyez n° 133.

Beaucoup parler et peu savoir ;
Beaucoup dépenser et peu avoir :
Beaucoup présumer et peu valoir.

(Proverbe espagnol.)

Ce proverbe dit très vrai. Généralement ils ne sont pas
bien forts ceux qui parlent beaucoup ; ceux qui font des
dépenses inconsidérées finissent la plupart du temps par
manquer du nécessaire ; ceux qui ont une haute
idée d'eux-mêmes sont rarement des hommes de
valeur. Le bavard, le dépensier et le vantard se font
vite apprécier à leur juste mérite.

175. — **L'argent** est un bon serviteur et un mauvais maître.

Avec l'argent on peut se donner des plaisirs utiles,
on peut contribuer à des œuvres sociales excellentes,
soulager des misères dignes d'intérêt et de pitié.
On se procure ainsi les plus délicates satisfactions
et les plus nobles jouissances. Sous ce rapport, l'argent est un excellent serviteur.

Mais l'argent devient un maître, et le pire des maîtres,
quand il se fait aimer pour lui-même ou pour les
plaisirs grossiers et malsains. L'avare, l'ivrogne, le
joueur, le viveur, le spéculateur éhonté sont des esclaves à la merci du tyran qui s'appelle l'argent.

Pour que l'argent reste plus aisément notre serviteur,
tâchons avant tout de le gagner honorablement par le
travail.

176. — **Celui qui ne veille pas** sur ses paroles
passe le jour à se tordre les mains et la nuit à se re-

tourner sur le flanc, désolé de n'avoir pas observé les
règles de la prudence, et désespéré des excès de son
langage.

(Maxime arabe.)

Maxime très énergique que nous ferons bien de méditer. Elle nous exhorte à tenir notre langue et nous
avertit que tel propos inutile peut avoir de terribles
conséquences.

Pour nous éviter des tourments, soyons bienveillants envers tout le monde ; ne disons de mal de personne, ne
trahissons jamais les secrets qu'on nous a confiés.

*
* *

177. — **La bonté** est la plus grande vertu de la
femme, et une des plus grandes vertus de l'homme.

Paul Janet.

La femme doit être avant tout bonne, c'est là le secret de
sa force.

L'homme doit être avant tout juste et ferme ; cependant
on ne l'aimera que s'il est bon. La bonté est la plus
grande des vertus. Souvent on sourit en qualifiant un
homme de « *bon* », on a tort ; la bonté n'exclut pas
l'intelligence ; un homme vraiment bon, une femme
vraiment bonne sont par là même intelligents, car ils
se préoccupent du bonheur des autres.

*
* *

178. — **On ne s'imagine** pas plus facilement une
âme sans tache dans un corps malpropre, qu'une eau
pure dans un vase immonde.

P.-J. Stahl.

Si le corps est malpropre, c'est qu'il manque à l'âme tout
au moins le sentiment de la propreté ; et c'est une
grave lacune.

A l'homme malpropre il manque certainement le respect
de soi-même. Le dehors est chez lui comme un indice de
ses dispositions intérieures.

* *

179. — **Le bien** qu'on fait la veille fait le bonheur
du lendemain.

(Proverbe indien.)

Le souvenir du bien accompli nous procure une satisfaction intérieure qui nous rend sereins et confiants. Ainsi
la cause de notre bonne humeur remonte souvent au
bon emploi de la veille.

Comme on est dispos et alerte quand on a trouvé pour
autrui une parole encourageante, quand on a fait acte
d'homme dévoué et désintéressé !

* *

180. — **Parler** humblement de soi est bien ; parler
peu de soi est mieux.

On rendra justice à vos qualités si vous parlez peu de
vous-mêmes et toujours avec une grande modestie. Si
vous avez réellement du mérite, les autres le diront;
vous n'avez pas besoin de l'affirmer; on reconnaît l'arbre à ses fruits.

* *

181. — **A tous les cœurs** bien nés que la patrie
est chère !

Voltaire.

« Bien né » veut dire né sans infirmité morale, car il y a
parfois des cœurs dénaturés, comme il y a des corps
estropiés.

La patrie leur est chère. Ils ne le diront pas seulement
en paroles, ils le prouveront par leurs actes.

* *

182. — Celui qui marche avec les sages deviendra sage. Mais l'ami des insensés leur deviendra semblable.

(La Bible.)

Nous ne fréquentons personne sans prendre, à notre insu même, quelque chose de la manière de penser, de parler, d'agir de cette personne. C'est ce que la Bible exprime ainsi : Celui qui marche avec le sage, deviendra sage.

Il n'est donc pas indifférent avec qui vous marchez, avec qui vous vous liez. Oh non ! puisque la vie entière souvent en dépend ! Dis-moi qui tu hantes (fréquentes), je te dirai qui tu es.

183. — Une dépense inutile et frivole est un vol qu'on fait à soi-même.

De Gérando.

184. — Laisse-toi conseiller par l'aiguille ouvrière,
Présente à ton labeur, présente à ta prière,
Qui dit tout bas : « Travaille ! » Oh ! crois-la ! Dieu,
[vois-tu,
Fait naître du travail, que l'insensé repousse,
Deux filles : la vertu, qui fait la gaieté douce,
Et la gaieté, qui rend charmante la vertu !

Victor Hugo.

La jeune fille se sert beaucoup de l'aiguille et souvent la porte sur elle. Ce délicat instrument est ainsi témoin de son labeur et de sa prière.

L'aiguille semble l'inciter au travail ; laisse-toi conseiller par elle, dit le poète. Le travail te donnera une vive

sympathie pour l'honnêteté des sentiments, des pensées,
et une heureuse disposition à la jovialité.

La vertu rendra ta gaieté pure et douce ; la gaieté rendra
ta vertu aimable et attrayante.

L'insensé seul cherche à se soustraire à la sainte loi du
travail. Regardez autour de vous, jeunes filles : sur qui
voulez-vous prendre exemple ? Sur les jeunes filles
oisives et ennuyées ou sur vos compagnes actives et de
bonne humeur ?

185. — Sages conseils.

Il part de bons avis, quelquefois, de la haine ;
On peut tirer du fruit de tout ce qui fait peine.
Et, des plus grands desseins qui veut venir à bout,
Prête l'oreille à tout, et fait profit de tout.

Corneille.

Ne prenons pas en mauvaise part les vérités peut-être
dures, qui nous viennent quelquefois de nos amis et
très souvent de nos ennemis. Notre civilisation serait
peu avancée si ceux qui y ont le plus contribué
n'avaient écouté que leur amour-propre, au lieu de
rechercher la part de vérité que pouvaient contenir les
critiques de leurs adversaires.

Petits et grands, faisons notre profit de tout ce qui peut
nous rendre circonspects et prudents, de tout ce qui
peut aider à la réussite de nos projets.

186. — **Par l'égoïsme** nous nous rapprochons de la brute, par le dévouement nous nous rapprochons de Dieu.

La bête ne connaît que ses appétits. Quand elle a soif,
elle boit ; quand elle a faim, elle mange ; ses besoins

satisfaits, elle dort, digère, et nous ne saurions le lui reprocher, c'est la vie de la brute.

En rapportant tout à nous, à nos désirs, à notre bien-être, nous faisons comme la brute, nous nous rapprochons d'elle.

Penser aux souffrances et aux aspirations d'autrui, tendre au prochain une main prévenante et secourable, être sensible à la pitié, ouvrir le cœur aux infortunes et aux misères, c'est s'élever moralement, c'est tendre vers l'idéal, c'est se rapprocher de la perfection.

* * *

187. — **L'ordre** double le temps, parce qu'il aide à le mieux employer.

De Gérando.

De là vient que ceux-là seuls ont toujours quelques moments de reste qui règlent bien l'emploi de leur temps.

* * *

188. — **La meilleure** critique que nous puissions faire des autres, c'est encore de nous mieux conduire qu'eux.

A. Vessiot.

Relever sans nécessité les défauts d'autrui, dire ce qu'ils auraient dû faire ou ne pas faire, est chose déplaisante et ne corrige personne. Se conduire soi-même comme les autres devraient se conduire, vaut mieux.

En votre présence on médit du prochain ; rappelez ses qualités. Autour de vous on prend des détours, on est violent, grossier ; sans faire de phrases, soyez francs, doux, aimables. Vous ne froisserez personne, votre critique indirecte portera et l'on suivra peut-être votre bon exemple.

* * *

189. — **Toute maison** qui est divisée contre elle-même tombera en ruine.

(La Bible.)

L'expérience fait voir combien cela est vrai : familles, associations, gouvernements, Etats, rien ne résiste aux causes de division inévitables, s'il ne règne en tous et en chacun un désir sincère de concorde et d'union. L'union c'est la force et la prospérité ; la division affaiblit et souvent conduit à la ruine.

*
* *

190. — **En vérité**, le mentir est un maudit vice. Si nous en connaissions l'horreur et le poids, nous le poursuivrions à feu.

Montaigne.

Le mentir, c'est-à-dire le mensonge, nous fait perdre notre dignité, pèse sur notre conscience, fait de nous un sujet d'aversion pour les hommes de bien. C'est un maudit vice qu'il faut combattre sans ménagement.

*
* *

191. — **Un ami** peut vous entraîner au paradis ou dans l'enfer.

(Proverbe algérien.)

Ce langage imagé nous rend attentifs à l'influence, bonne ou mauvaise, qu'exercent sur nous ceux qui se disent nos amis. Ne vous liez intimement qu'avec un petit nombre de camarades et faites bien votre choix : la direction de votre esprit et de vos pensées, votre vie morale, se ressentiront de vos relations.

Plus vous êtes attachés à votre ami, plus aisément celui-ci vous entraînera vers le bien ou le mal, suivant la voie dans laquelle il sera lui-même entré.

*
* *

192. — La vraie vie.

Ceux qui vivent ce sont ceux qui luttent, ce sont
Ceux dont un dessein ferme emplit l'âme et le front,
Ceux qui d'un haut destin gravissent l'âpre cime,
Ceux qui marchent pensifs, épris d'un but sublime,
Ayant devant les yeux sans cesse, nuit et jour,
Ou quelque saint labeur ou quelque grand amour...
Ceux-là vivent, Seigneur! les autres (1), je les plains,
Car de son vague ennui le néant les enivre,
Car le plus lourd fardeau, c'est d'exister sans vivre ;
Inutiles, épars, ils traînent ici-bas
Le sombre accablement d'être en ne pensant pas.

Victor Hugo.

193. — **Maltraiter** ou tourmenter les animaux, ne
fût-ce qu'une mouche ou un insecte, c'est faire preuve
d'instincts cruels et sauvages.

L'enfant qui reste insensible à la souffrance de
pauvres bêtes, qui trouve même du plaisir à les voir
ou à les faire souffrir, s'endurcit le cœur : ce sera pro-
bablement un homme despote, dur et sans pitié.

*****

* *

194. — **O mon pays,** terre sacrée,
 Où mon Dieu plaça mon berceau,
 Où ma cendre sera mêlée
 A celle des miens au tombeau !
 Qu'en moi le ciel voie un impie,

(1) Les autres : ceux qui ne luttent pas, qui n'ont pas d'idéal
dont ils cherchent à s'approcher, qui existent puisqu'ils se con-
tentent de manger, de boire, de dormir.

Si pour toi je ne suis un fils
Soumis, fidèle, ô ma patrie !
O mon pays, mon cher pays !

A. Vinet.

195. — Il est une fleur douce et blanche
Qui croît à l'ombre du devoir.
Cueille cette fleur sur sa branche ;
Pour être fort demain, respire-la ce soir !

Cette fleur « douce et blanche », c'est la sérénité de l'esprit et du cœur, sans lesquelles il n'est pas possible de jouir de la vie.

Elle « croît à l'ombre du devoir », c'est-à-dire ceux-là seuls possèdent cette sérénité qui sont dociles à l'appel de la conscience.

« Cueille cette fleur », dit le poète, c'est-à-dire sois fidèle à ton devoir, accomplis-ie.

« Respire-la ce soir », c'est-à-dire jouis sans réserve de la satisfaction que tu éprouves d'avoir agi comme tu devais agir, tu seras d'autant plus fort dans la lutte de demain.

196. — Un des meilleurs moyens de se mettre en garde contre de nouvelles fautes, c'est de réparer celles qu'on a commises. Plus ce dernier acte est pénible, plus le moyen est efficace.

Vous avez fait de la peine à quelqu'un ; dites que vous le regrettez. Irréfléchis, faibles ou lâches, vous avez altéré la vérité ; rétablissez les faits. Vous avez causé quelque préjudice à votre prochain ; réparez-le autant que possible.

Il vous en coûtera, mais ayez ce courage ; il trouvera sa récompense.

***

197. — **L'ignorance** est la plus dangereuse des maladies.

Bossuet.

On appelle maladie toute cause de souffrance de l'esprit, de l'âme ou du corps. Or, l'ignorance affecte à la fois l'esprit, l'âme et le corps.

Faute de culture, l'esprit ne peut sainement juger des choses ; l'âme reste l'esclave des passions et des superstitions ; le corps n'est pas l'objet des soins hygiéniques appropriés. Bossuet a donc bien raison de dire : L'ignorance est la plus dangereuse des maladies.

***

198. — **La calomnie** est un peu comme la guêpe qui vous importune, et contre laquelle il ne faut faire aucun mouvement, à moins qu'on ne soit sûr de la tuer ; sans quoi elle revient à la charge plus furieuse que jamais.

Chamfort.

La calomnie salit les renommées les mieux établies. Elle chemine dans l'ombre et accomplit son œuvre diabolique, presque sûre de l'impunité.

Si vous êtes calomniés, ne perdez pas le sang-froid. Ne multipliez ni les protestations, ni les dénégations, à moins de pouvoir confondre au grand jour et la calomnie et le calomniateur. Le mieux est, en général, de souffrir en silence, de laisser jeter à la bête venimeuse son venin, de répondre aux outrages par la fierté et par la dignité.

***

199. — **L'élève** apprend doublement quand il est de bonne humeur ; cela seul devient vivant que l'on étudie avec plaisir.

Diesterweg.

Vous vous mettez au travail sans entrain et de mauvaise humeur. Vous subirez ce châtiment inévitable, d'avoir deux fois plus de peine et d'y mettre deux fois plus de temps.

Faites donc gaiement, joyeusement ce que vous avez à faire ; alors seulement cela vous profitera.

200. — **La reconnaissance** est la mémoire du cœur.

Se souvenir d'un bienfait avec une pensée de gratitude, et avec le désir d'en témoigner, constitue ce qu'on appelle la reconnaissance. Cette façon de se souvenir vient moins de l'esprit que du cœur.

C'est un sourd-muet qui, la craie à la main, a donné la belle définition que nous venons de lire. Vous qui parlez, qui entendez, retenez-la ; exercez la mémoire du cœur.

201. — **On récolte** ce qu'on a semé.

(La Bible.)

Il y a entre la qualité de la semence jetée en terre et la qualité du blé moissonné, un rapport très direct ; chacun le peut constater.

Il en est de même dans l'ordre moral. Nos actes, nos paroles, souvent même nos pensées sont autant de graines de semence. Pendant des semaines, des mois, des années peut-être, cette semence germe en nous, autour de nous, dans le cœur des amis, des ennemis, de ceux auxquels nous avons donné un bon ou un mauvais exemple ; la moisson viendra sûrement, et sera ce qu'a été la semence.

Vous en êtes encore au temps des semailles ; ne répandez que de la bonne semence.

.·.

202. — Les fleurs sont écloses,
Les fleurs du printemps.
Hélas ! mais les roses
Ne durent qu'un temps.

Ô terre des hommes
Où rien n'est certain,
Comme elles, nous sommes
Des fleurs d'un matin.

La rose s'effeuille
Sous l'aile des vents.
La tombe recueille
Le bruit des vivants.

Van Hasselt.

Les fleurs passent, à peine écloses. Rien n'est sûr, et notre vie en particulier s'enfuit avec une vertigineuse rapidité.

Puisque nos jours s'en vont comme s'effeuillent les roses, puisque le silence se fera bientôt dans la tombe, faisons de nos journées le meilleur emploi possible.

.·.

203. — Il y a dans chaque maison, dans chaque école, dans chaque famille, et tous les jours, des occasions de vous rendre utiles, d'être complaisants. Ne voulez-vous pas l'être ? C'est si beau un enfant complaisant ! un enfant qui, au lieu de murmurer quand on le dérange pour lui demander un petit service, n'attend pas qu'on le lui demande, et s'empresse de faire tout ce qu'il peut pour se rendre utile et agréable aux autres !

A. Decoppet.

204. — **Lève-toi** devant les cheveux blancs et honore le vieillard.

(*La Bible.*)

Dans la personne du vieillard tu honores une longue expérience, de longs services rendus à la société ; tu rends hommage à une longue lutte ; tu témoignes ta sympathie pour les maux qu'il a soufferts. Tu salues aussi en sa personne celui qui semble avoir déjà un pied dans la tombe.

La déférence pour les vieillards honore la jeunesse ; on la rencontre toujours chez les jeunes gens qui ont du cœur et qui se respectent eux-mêmes.

205. — **Cherche les vertus** chez les autres, les vices chez toi.

Benjamin Franklin.

« Cherche », c'est-à-dire : applique-toi à découvrir. Il est surprenant, quand on met ce conseil en pratique, de voir combien « les autres » gagnent en notre estime, parce que nous leur trouvons des qualités que nous ignorions, et combien nous-mêmes nous nous sentons humiliés par des défauts sur lesquels nous fermions les yeux.

206. — **Qui est riche?** Celui qui est content de son lot.

(Le Talmud.)

Etre riche ne signifie pas être content. On peut être à la fois très riche et vivre tourmenté par la jalousie, l'ambition, les soucis, les appréhensions ; cela se voit fréquemment.

Etre content de son lot, c'est-à-dire de la vie telle que la Providence nous l'a faite, c'est être heureux, c'est être riche ; cela aussi se voit souvent.

Si vous êtes contents de votre lot, ne craignez pas de le dire, mes amis ; c'est un devoir de reconnaissance. Votre bonne humeur, votre entrain feront rougir ceux qui, sans motif sérieux, gémissent sur leur sort.

* *

207. — **Les paresseux** ne sauraient être classés parmi les vivants ; c'est une espèce de morts qu'on ne peut pas enterrer.

William Temple.

Vivre, c'est agir ; or, le paresseux n'agit que forcé et à contre-cœur.

Il ne pense pas, ne lutte pas, ne produit pas ; il ne fait plus partie, pour ainsi dire, des vivants ; c'est bien une espèce de mort, à charge à lui-même et aux autres.

* *

208. — **La politesse** de l'esprit consiste à penser des choses honnêtes et délicates.

La Rochefoucauld.

La politesse des manières est chose agréable, désirable, mais chose extérieure, conventionnelle, et qui ne doit pas, à elle seule, nous faire illusion. Tel « monsieur »

aux belles manières est un homme vulgaire, un mal
élevé.

Mieux vaut, de beaucoup, la politesse de l'esprit qui pro-
vient de la distinction des sentiments, de la noblesse du
cœur et qui se reflète toujours dans les manières. Il y a
des cultivateurs, des ouvriers, des journaliers vraiment
polis.

Ne dites, ne pensez que des choses honnêtes, rendez à
chacun ce qui lui est dû, tout en ayant le sentiment de
votre dignité et, sans vous en douter, vous serez vraiment polis.

209. — C'est l'homme qui forge sa fortune.

Vico.

Les résolutions bonnes ou mauvaises d'un homme, sa
volonté plus ou moins ferme, son esprit de suite, son
honnêteté, sa conduite, toutes choses qui dépendent de
lui, ont fait de lui ce qu'il est. Ainsi on a généralement
la situation qu'on a su mériter.

Celui qui ne commence pas de très bonne heure à se
faire une situation, y arrive difficilement plus tard.
Dites-vous bien que votre avenir dépend en très grande
partie de vous et que vous êtes les artisans de votre
destinée.

210. — Pour être sage il ne faut ni trop manger, ni trop dormir, ni trop parler.

Les excès de table nuisent à la santé; le sommeil trop
prolongé endort l'esprit et fait perdre du temps; le
bavardage nuit à la pensée et à l'action.

Quittez la table quand vous avez encore bon appétit;
levez-vous le matin quand vous avez encore sommeil,
ne dites dans la journée que ce qu'il est nécessaire de
dire.

211 — **Si un homme** fait outrage à la décence, à la probité, et puis vient crier : Patrie! patrie! ne le croyez pas ; c'est un hypocrite de patriotisme et un mauvais citoyen : il n'y a de bon citoyen que l'honnête homme.

Silvio Pellico.

212. — **Fais ce que vouldrais** avoir faict quand mourras.

Si tu voyais approcher ta fin, tu souhaiterais certainement n'éprouver aucun remords, n'être hanté par aucun souvenir troublant ; tu voudrais que personne ne pût maudire ton égoïsme, ta dureté de cœur, ton ingratitude.

Veux-tu, à l'heure suprême, ne connaître ni remords ni désespoirs, fais tienne cette belle devise d'un chevalier du moyen âge : Fais ce que tu voudrais avoir fait quand tu mourras !

213. — **Quand j'ai traversé** la vallée,
Un oiseau chantait sur son nid.
Les petits, sa chère couvée,
Venaient de mourir dans la nuit.

Cependant il chantait l'aurore.
O ma muse! ne pleurez pas :
A qui perd tout, Dieu reste encore :
Dieu là-haut, l'espoir ici-bas.

A. de Musset.

Ces strophes sont un chef-d'œuvre de haute poésie
Dans la première, le poète nous raconte dans un langage
d'une simplicité exquise un petit drame entrevu par

ւui : Un oiseau chantait sur le nid où venait de mourir
sa chère couvée.

Dans la seconde, il prend exemple sur le vaillant petit
oiseau qui chante l'aurore quand même : « O ma muse,
ne pleurez pas! » Et, tout en se parlant à lui-même,
il exprime pour les affligés et les découragés cette
pensée réconfortante : « A qui perd tout, Dieu reste
encore : Dieu là-haut, l'espoir ici-bas. »

214. — **Le meilleur soldat** est celui qui, pour aller
au feu, n'a besoin ni de tambours ni de trompettes. Le
meilleur écolier est celui qui fait son devoir sans penser
à la musique de la distribution des prix. Le vrai prix
est dans la conscience de la tâche accomplie.

P.-J. Stahl.

Aller au feu sans avoir besoin de tambours, faire son
devoir sans penser aux applaudissements publics, c'est
n'avoir pas besoin de stimulants extérieurs.

La récompense la plus intime est d'entendre notre conscience nous dire : tu as fait ce que tu as dû faire, tu
as fait ce que tu as pu faire, tu as été persévérant,
tu as été fidèle.

215. — **Le travail** est notre champ de bataille.
Comme les armées vont au combat, musique en tête,
tambour battant, pour conquérir la gloire des armes,
ainsi nous devons aller au travail vivement, comme de
braves gens, pleins de courage et de vaillance, sûrs de
nous-mêmes et de la victoire.

Jules Steeg.

Ainsi compris, le travail donne, en effet, la santé, la vigueur physique et intellectuelle, et le bonheur de jouir sans remords d'un repos bien gagné ; il donne aussi la bonne humeur, l'entrain, la joie de vivre.

*
* *

216. — **Il y a beaucoup de femmes** qui donnent à leur famille la prose du devoir, sans s'appliquer à y ajouter la poésie du devoir.

Sans celle-ci pourtant, le devoir est grognon, hargneux, brutal, triste, désagréable même et sordide ; loin d'obtenir la vénération à laquelle il prétend, il atteint un but tout à fait opposé, celui de faire prendre le devoir en déplaisance.

Mme E. Raymond.

Deux femmes sont occupées aux travaux du ménage. Elles font toutes deux leur devoir ; mais, quelle différence ! L'une a l'air ennuyée, ses occupations semblent lui être à charge, elle est austère, grincheuse. Ce n'est pas elle qui fera aimer le devoir, elle n'en connait que la prose.

L'autre pense aux agréments et au bien-être que son travail procurera aux siens, et cette pensée la rend aimable, souriante, enjouée ; elle fait tout avec autant de grâce que de gaîté. Elle n'oublie pas de joindre l'agréable à l'utile, de semer quelques fleurs sur ses pas. Elle a compris la poésie du devoir, elle l'aime et le fait aimer.

*
* *

217. — **Qui a** un plus rude combat à soutenir que celui qui travaille à se vaincre ?

C'est là ce qui devrait nous occuper uniquement : combattre contre nous-mêmes, devenir chaque jour plus forts contre nous, chaque jour faire quelques progrès dans le bien.

(Imitation de Jésus-Christ.)

Se vaincre, c'est secouer la paresse, maîtriser la colère, tenir la langue en bride, s'efforcer de dominer les mauvais instincts et de résister aux mauvais penchants. Travailler à se vaincre est un rude combat, mais lâche celui qui ne lutte pas! Celui qui arrive à être maître de lui-même vaut mieux « que celui qui prend des villes. »

218. — **Le bonheur** de l'impie est toujours agité;
Il erre, à la merci de sa propre inconstance.
Ne cherchons la félicité
Que dans la paix de l'innocence.

J. Racine.

Le méchant *erre*, c'est-à-dire il flotte incertain, jouet de sa propre inconstance.
Son état d'esprit inquiet, agité, contraste singulièrement avec l'état d'esprit calme et paisible de l'homme de bien.

219. — **Pères**, mères, enfants, frères, sœurs! quoi de plus saint, de plus doux que ces noms!

Lamennais.

L'enfant bégaie ces doux noms, et l'homme fait ne saurait les oublier. On lit ces mots tendres sur les lèvres des malades et des mourants.
Le soldat qui se meurt au loin, le naufragé qui se débat contre les flots, on les a entendus murmurer : Oh ! ma pauvre mère ! oh ! mon père !
Père, mère, enfant, frère, sœur, sont des noms sacrés.

Aimez bien, respectez ceux qui les portent. Vous ne savez pas combien de temps vous pourrez encore les leur donner.

* *

220. — Recherche le conseil de tout homme prudent, et ne méprise aucun conseil utile.

(La Bible.)

Certaines gens sollicitent des avis pour la forme, mais au fond ils sont décidés à suivre leur avis personnel. C'est là une des manières de mépriser les conseils utiles.

Mes amis, n'imitez pas ce triste exemple ; recherchez le conseil des hommes compétents et prudents, et appliquez-vous à profiter de leur expérience.

* *

221. — Ne croyez pas que la valeur d'un homme consiste uniquement dans le mépris du danger ; si vous savez dompter votre colère, vous possédez le plus grand et le plus noble courage.

Joubert.

La colère est provoquée par un mouvement de notre sang ; c'est une ardeur subite, une espèce de folie passagère, qui s'empare de nous.

Dompter sa colère, c'est donc se vaincre soi-même, c'est faire, pour ainsi dire, quelque chose contre nature. Celui qui y réussit, possède réellement le plus grand et le plus noble courage. C'est chose difficile ; raison de plus pour s'y appliquer.

* *

222. — Il vaudrait mieux ne pas prendre de résolutions que de ne pas exécuter celles qu'on a prises. Il faudrait en former peu à la fois et tendre son esprit vers chacune jusqu'à ce qu'on arrive à suivre sans effort la voie que l'on s'était tracée.

Cela est vrai pour la conduite de nos affaires comme pour la conduite de notre vie morale.

*
* *

223. — Tout dévouement, quelque petit qu'il soit, porte avec lui sa récompense : les sacrifices que fait le cœur ont leur volupté (1), et il n'en est pas de plus pure.

Gauthey.

On appelle dévouement le sentiment désintéressé qui nous porte à rendre service au prochain, et l'acte même par lequel nous lui rendons service.

Vous êtes pressé d'arriver et vous faites un détour pour assister un enfant en peine ; vous vous attardez auprès d'un camarade qui a besoin d'aide, mais le lendemain vous vous levez une heure plus tôt; vous faites la lecture à un voisin malade pendant votre récréation ; vous portez secours à quelqu'un qui est en danger, et vous vous exposez vous-même : ce sont là autant d'actes de dévouement.

Tout acte de dévouement suppose un sacrifice du cœur. Chacun de ces sacrifices, si petit soit-il, procure à celui qui l'accomplit une satisfaction intérieure qu'aucune autre ne saurait égaler.

*
* *

224. — Il y a une indélicatesse grave à se dérober aux conséquences de ses actes; à refuser une réparation morale ou matérielle lorsque, volontairement ou involontairement, on a fait quelque mal, ou causé quelque dommage.

La pente est très glissante ; les « bonnes farces » non avouées risquent de conduire à des indélicatesses inavouables et surtout irréparables...

***

____

(1) Satisfaction intime.

Plus nous sommes intelligents, instruits et indépendants,
plus notre responsabilité est grande.

Se dérober à la responsabilité de ses paroles ou de ses
actes, c'est se déclarer mineur à tous les points de vue,
ou faire preuve d'hypocrisie et de lâcheté morale.

* * *

225. — A cœur vaillant, rien d'impossible.

Jacques Cœur.

Un cœur ou un homme vaillant, c'est-à-dire un homme à
la fois courageux et sage, met tant de hardiesse à ce
qu'il entreprend, tant de persévérance aussi, qu'il
réussit là où d'autres ont échoué.

Jacques Cœur, l'argentier (1) de Charles VII, avait adopté
cette devise par allusion à son nom. Il l'a justifiée par
des succès extraordinaires (2).

* * *

226. — Les élèves égoïstes, les jaloux, les bou-
deurs ne jouent pas. D'autres s'abstiennent, on ne sait
pourquoi ; méfiez-vous : il n'y a pire eau que celle qui
dort.

* * *

Dans la joie commune, l'égoïste demande à jouer un rôle
à part, sinon, il préfère s'ennuyer. Il est à plaindre.

Le jaloux ne joue pas parce qu'il voudrait être le plus
adroit au jeu, et il ne l'est pas. Tant pis pour lui !

Le boudeur est un petit monsieur qui a pris la mouche et
qui a quitté le jeu par dépit, mais déjà il le regrette ;
si vous le rappelez, il reviendra.

(1) Argentier : contrôleur général des finances.

(2) Jacques Cœur, marchand de Bourges, est un des créateurs
du commerce français. A lui seul il dirigeait plus d'affaires que
tous les négociants de France et d'Italie. Il prêta à Charles VII
200.000 écus d'or et entretint quatre armées à ses frais.

Mais il fut calomnié auprès du roi ; et Charles VII, qui avait

Certains élèves ne rient pas, s'isolent, et fuient les rondes joyeuses. Il est à craindre qu'ils ne se livrent à des plaisirs coupables. Ne vous liez pas avec eux.

227. – **Les injures** sont les raisons de ceux qui ont tort.

J.-J. Rousseau.

Quand on a de bonnes raisons, on les donne avec calme et tranquillité, car on est fort de son droit, et certain que la vérité et la justice l'emporteront.
Proférer des injures, c'est prouver précisément qu'on n'a pas de bonnes raisons à faire valoir ; les injures en doivent tenir lieu. Ainsi, les injures sont réellement les raisons de ceux qui ont tort.

228. — **Nous demandons** qu'on accoutume les jeunes filles à agir, à penser, à vouloir, à se gouverner elles-mêmes, comme elles en ont le droit, pour qu'au moment où il faudra décider de leur avenir, elles aient une opinion, qui en soit une, sur elles-mêmes, sur leur propre sort, sur la vie ; qu'elles puissent donner un avis qui soit quelque chose et qui vaille la peine d'être entendu.

A . Coquerel fils.

oublié Jeanne d'Arc, se montra ingrat aussi envers cet homme de bien. Après un procès inique, Jacques Cœur fut enfermé pour la vie, après confiscation de ses biens. Il parvint à s'échapper, s'enfuit à Rome, et mourut en commandant une flotte du Pape contre les Turcs. Louis XI a réhabilité la mémoire de ce grand Français.

Jeunes filles, prêtez-vous à ces vues généreuses. Appliquez-vous à être quelqu'un, à avoir une opinion personnelle, à donner dans les circonstances graves un avis qui vaille la peine d'être entendu et écouté.

229. — Vivons en frères.

Dans nos jours passagers de peines, de misères,
Enfants d'un même Dieu, vivons du moins en frères ;
Aidons-nous l'un et l'autre à porter nos fardeaux

Voltaire.

Aidons-nous mutuellement. Chacun de nous a besoin d'amitié, d'aide et d'assistance, car chacun porte en lui un chagrin, une douleur secrète qui lui pèse comme un fardeau. Chacun sent la difficulté de sa tâche.
Aidons-nous, car nous sommes tous frères.

230. — Après avoir également vécu dans le palais des rois et dans la chaumière du pauvre, je m'en suis revenu bien persuadé que le bonheur ne fuit et n'habite exclusivement aucune région.

C'est une grande erreur de croire que le bonheur accompagne l'opulence et qu'il faut être riche pour être heureux. Le bonheur n'est le privilège d'aucun milieu social ; il y a des riches profondément malheureux, il y a des gens relativement pauvres dont le sort est enviable.
Le bonheur se trouve là, que ce soit dans le palais ou dans la chaumière, où l'on mène une vie de travail, où l'on s'aime et où l'on se donne les uns aux autres.

231. — **On dit** que la femme ne paie pas « l'impôt du sang. » Cependant, lorsque la guerre éclate, elle donne son époux et son fils. Ils partent, emportant son âme !

Mme P. Kergomard.

** **

232. — **L'habitude** du bien se prend comme celle du mal. Seulement on n'arrive à la première qu'avec beaucoup d'effort.

Gauthey.

> Rien ne se prend aussi facilement que les mauvaises habitudes ; on n'a qu'à se laisser aller.
> Les bonnes habitudes supposent un effort ; c'est cet effort, hélas ! qui arrête tant de natures molles et peu ambitieuses.

** **

233. — **Les enfants** déjà rencontrent sur leur chemin des difficultés, des obstacles, des devoirs pénibles à accomplir.

L'enfant sans courage, sans énergie, se laisse effrayer par ces difficultés, rebuter par ces obstacles. L'enfant courageux, au contraire, les attaque résolument de front, décidé à les vaincre, et il réussit.

*****

> Chaque jour nous rencontrons des difficultés à vaincre. Certains redoutent l'effort, se déclarent battus sans même avoir sérieusement essayé de combattre. Ce sont les faibles, les lâches, ceux qui ne savent pas vouloir et qui ne font rien pour l'apprendre. Ils sont à plaindre.

3*****

D'autres se redressent au contraire en présence des difficultés, et font acte de ferme volonté. Pour eux, la victoire est une affaire d'honneur. Ce sont les courageux, les forts, les braves !

234. — Les yeux.

Bleus ou noirs, tous aimés, tous beaux,
Des yeux sans nombre ont vu l'aurore ;
Ils dorment au fond des tombeaux
Et le soleil se lève encore.

Les nuits, plus douces que les jours,
Ont enchanté des yeux sans nombre ;
Les étoiles brillent toujours
Et les yeux se sont remplis d'ombre.

Oh ! qu'ils aient perdu le regard,
Non, non, cela n'est pas possible !
Ils se sont tournés quelque part
Vers ce qu'on nomme l'invisible ;

Et comme les astres penchants
Nous quittent, mais au ciel demeurent,
Les prunelles ont leurs couchants,
Mais il n'est pas vrai qu'elles meurent.

Bleus ou noirs, tous aimés, tous beaux,
Ouverts à quelque immense aurore,
De l'autre côté des tombeaux
Les yeux qu'on ferme voient encore.

Sully Prudhomme.

235. — **Heureux** ceux que mon zèle enflamme !
Qui donne aux pauvres prête à Dieu.
Le bien qu'on fait parfume l'âme ;
On s'en souvient toujours un peu !

Victor Hugo.

Avoir l'âme joyeuse, comme parfumée de bons souvenirs, n'est-ce pas là recevoir, sous une autre forme, ce qu'on a donné ?

Dans ce sens, le poète a pu dire effectivement : qui donne aux pauvres, prête à Dieu, et Dieu n'oublie pas de rendre.

* *

236. — L'or et la grandeur.

Ni l'or ni la grandeur ne nous rendent heureux;
Ces deux divinités n'accordent à nos vœux
Que des biens peu certains, qu'un plaisir peu tranquille ;
Des soucis dévorants c'est l'éternel asile.

La Fontaine.

L'or et la grandeur (les richesses et les honneurs) sont recherchés et ont leurs adorateurs; c'est ce qui fait dire au poète : « ces divinités ».

Les avantages que procure la fortune sont « peu certains ». En effet, regardez autour de vous : que de fortunes subitement écroulées ! que de hautes situations qui se sont effondrées du jour au lendemain !

L'or et la grandeur donnent de graves soucis à leurs possesseurs, en apparence les plus heureux.

* *

237. — **Travaillez**, prenez de la peine :
C'est le fonds qui manque le moins.

La Fontaine.

Rien ne peut nous enlever l'amour du travail. Or, de tous nos fonds, c'est-à-dire de tous nos biens à exploiter, l'amour du travail est le plus solide et le plus durable.

238. — **La mollesse** et l'indulgence pour soi-même, et la dureté pour les autres, n'est qu'un seul et même vice.

Nicole.

Remarquez que les hommes qui sont très exigeants et durs pour eux-mêmes sont généralement bons et bienveillants envers autrui ; tandis qu'ils sont presque toujours sévères et durs envers le prochain ceux qui sont trop complaisants et trop indulgents envers eux-mêmes.

239. — **Nous n'arrivons** à rien que par la volonté ; de toutes les forces de notre âme, c'est celle qui se rouille le plus vite quand on n'en use pas.

Laboulaye.

Rien ne se fait, rien ne s'obtient et ne se maintient qu'à force de volonté. Or celui-là seul veut fortement qui sait vouloir, qui a *appris* à vouloir en exerçant tous les jours sa volonté.

Quand les ressorts sont détendus ou rouillés, la clé grince dans la serrure sans ouvrir : quand on néglige de mettre en jeu sa volonté, de l'exercer sur soi tout d'abord, on perd la force de vouloir et jusqu'à la volonté de vouloir. Alors, tout est perdu.

240. — **Examen de conscience.**

Quand l'heure du sommeil vient fermer ta paupière,
Sur le jour qui n'est plus porte un regard sévère ;

Sur le bien, sur le mal, interroge ton cœur;
Sois toi-même ton juge et ton accusateur;
Le repentir du mal te rendra l'espérance,
Le souvenir du bien sera ta récompense.

***

Pourquoi porter un regard « sévère » ?
Être soi-même son « juge » et son « accusateur », cela
suppose une grande sincérité envers soi-même et un
grand respect de la conscience.
De quelle espérance est-il question ici ? En quoi le souvenir du bien accompli est-il une récompense ?

* * *

241. — **Il ne suffit pas** d'avoir servi son pays : il
ne faut pas cesser de le servir.

Plutarque.

Certains devoirs particuliers s'imposent au citoyen pendant un laps de temps déterminé ; le devoir général
de servir le pays dure tant que nous durons. Après,
l'obligation légale vient l'obligation morale ; celle-c
précède l'autre et la suit. A tout âge, même dans la
jeunesse, et en toute situation, on peut se rendre utile
à son pays.

* * *

242. — **Mensonge et vérité.**
On a beau se farder aux yeux de l'univers ;
A la fin, sur quelqu'un de nos vices couverts
Le public malin jette un œil inévitable ;
Et bientôt la censure, au regard formidable,
Sait, le crayon en main, marquer nos endroits faux,
Et nous développer avec tous nos défauts.

Du mensonge, toujours le vrai demeure maître.
Pour paraître honnête homme, en un mot, il faut l'être.
Et jamais, quoi qu'il fasse, un mortel, ici-bas,
Ne peut aux yeux du monde être ce qu'il n'est pas.

Boileau.

*
* *

243. — Dominer le plaisir et braver la douleur, apprendre le grand art de bien vivre et de bien mourir !

Montaigne.

Il y a des hommes esclaves du plaisir. Ils courent après de futiles ou de coupables distractions, mais redoutent la douleur ; ils la fuient à l'encontre de leur devoir, et gémissent quand ils sont obligés de la subir.

Voulez-vous devenir des hommes ? Renoncez à certains plaisirs qui vous tentent; endurez volontairement et, par conséquent, sans vous plaindre, faim, soif, fatigue, souffrance : vous en ressentirez une satisfaction intime dont vous apprécierez tout le prix.

La devise virile de Montaigne : dominer le plaisir, braver la douleur, est complétée par cette belle résolution : vivre et mourir en gens de bien.

*
* *

244. — Celui qui ne travaille pas est tout prêt à mal faire.

***

Travailler, c'est se défendre contre le mal, car on ne pense guère à mal faire quand l'esprit est appliqué, quand le corps se fatigue; d'autre part, l'oisiveté provoque les mauvaises pensées et multiplie les tentations.

Travaillez ferme, consciencieusement, vous serez moins disposés à faire le mal.

*
* *

245. — Toute bonne pensée, toute résolution sérieuse, tout effort énergique, tout acte de dévouement est une victoire sur le mal.

Une bonne pensée même est une victoire sur le mal, car le mal suggère les pensées mauvaises et il est acharné à sa besogne.

246. — Chaque instant ae la vie est un pas vers la
[mort.
Corneille.

Le même pas qui nous éloigne de notre berceau, nous rapproche d'autant de la tombe. Alors, pourquoi, par une impatience étrange, souhaiter parfois que les heures et les semaines s'écoulent plus vite ?

247. — En général, la santé n'est pas le droit du plus fort, mais le prix du plus sage.

D' A. Riant.

La sobriété en toutes choses et la régularité de la vie sont des conditions essentielles de la santé.

Avec un peu de prudence, et en observant les principales règles de l'hygiène, on se préserve de mainte indisposition passagère, de plus d'une maladie même. Que d'interruptions dans les études sont dues à des imprudences !

En ce sens, la santé est réellement la récompense du plus sage.

248. — Veux-tu vivre heureux et joyeux autant qu'homme peut l'être ? Chaque jour décharge ton âme de toute cause d'oppression.

Le soir, acquitte-toi autant que possible des obligations que tu as négligées dans la journée.

En suivant cette règle tu rempliras exactement tes devoirs professionnels ; tu ne prendras que les engagements que tu seras certain de pouvoir tenir ; tu ne resteras avec personne en retard de bons procédés ou de devoirs sociaux ; tu surveilleras mieux le cours de tes pensées.

Délivrée de toute inquiétude, ton âme sera forte et joyeuse.

249. — **Combien** n'ai-je pas vu de richards tomber dans le néant, après la perte de leurs biens ; tandis que des savants, sans fortune et sans naissance, occupaient dans le monde une position royale !...

(Strophe arabe)

Quel pauvre homme est celui que rien ne recommande, si ce n'est son argent ! Que cet appui vienne à lui manquer, sa personnalité s'évanouit, tout moyen d'action lui fait défaut.

Combien plus riche et plus digne est l'homme sans fortune qui a cultivé son esprit, son intelligence, et qui, virilement, prend sa part de toutes les préoccupations de l'humanité !

250. — **Si les circonstances** mettent en tes mains le secret ou le bien d'autrui, garde fidèlement l'un et l'autre ; ils ne t'appartiennent pas, tu n'en es que le dépositaire.

Restituer intact l'objet qui nous a été confié, c'est l'*a b c* de l'honnêteté. Aussi notre maxime va-t-elle plus loin. Elle considère comme objets précieux tel secret de famille, tel renseignement intime qu'il y a intérêt à ne pas divulguer.

Elle prévoit le cas où nous n'avons pas reçu la confidence directement, mais où les circonstances nous l'ont livrée Alors même, notre maxime fait, avec raison, de la discrétion un strict devoir.

*

251. — **Que tout** ce qui est vrai, tout ce qui est respectable, tout ce qui est juste, tout ce qui est pur, aimable, bienséant, tout ce qui est vertueux et digne de louange soit l'objet de vos pensées !

(La Bible.)

Occuper ainsi ses pensées, et remplir ainsi ses discours, c'est le meilleur moyen de garder la paix de la conscience et la sérénité de l'âme.

C'est un excellent moyen aussi d'éloigner de soi les esprits vulgaires et grossiers.

*

252. — **Mon enfant,** tu es le dernier en telle ou telle branche, en toutes peut-être ; mais il dépend de toi d'avoir néanmoins, à ta manière et à ton rang, du mérite, autant de mérite que n'importe lequel de tes camarades. Tout en restant, s'il le faut, le dernier par le succès, tu peux devenir le premier par l'effort, et tu seras aimé et honoré de tes maîtres autant qu'un autre.

Petit dernier, courage! En apprenant à te corriger, à travailler, à t'observer et à te faire violence, tu acquiers de jour en jour de la force et de la valeur. Tu as fait aujourd'hui un petit progrès, tu en feras demain un autre : continue ainsi, et peut-être, dans la vie, arriveras-tu plus haut que ceux qui sont aujourd'hui les premiers!

F. Buisson.

*

253. — Les deux mots les plus courts à prononcer, *oui* et *non*, sont ceux qui demandent le plus d'examen.

Pourquoi? Parce qu'ils affirment et qu'ils nous engagent : or, avant d'affirmer et de s'engager, il convient de bien examiner si ce que l'on dit est bien vrai et si l'on est sûr de pouvoir tenir ce que l'on promet.

254. — La politesse est à l'esprit
Ce que la grâce est au visage ;
De la bonté du cœur elle est la douce image,
Et c'est la bonté qu'on chérit.

Voltaire.

La politesse ajoute au charme de l'esprit, comme un gracieux et bon sourire ajoute à la beauté du visage.
Quand elle est le reflet ou l'indice de sentiments élevés et distingués, — ce qu'elle n'est pas toujours, — elle est d'un prix incomparable.
Appliquez-vous à être honnêtes et bons, la politesse se greffera naturellement sur cette disposition.

255. — Apprenez tous, en me voyant mourir,
Que la plus légère injustice
Aux forfaits les plus grands peut conduire d'abord,
Et que, dans le chemin du vice,
On est au fond du précipice
Dès qu'on met un pied sur le bord.

Florian.

Il est dans les usines des roues dentelées tournant en sens inverse l'une sur l'autre, et dont il est très dangereux de s'approcher ; si le doigt est pris dans l'engrenage, toute la main y passe ; laissez-vous saisir par le coin de l'habit, vous êtes perdu.

Il en est de même de l'engrenage ou de la puissance d'entraînement du mal. Plus d'un s'endort dans des mensonges dits « innocents », dans la paresse, dans des indélicatesses, et il se réveille dans le crime.

Les chemins de mulets qui côtoient les abîmes sont moins périlleux que les sentiers tortueux du vice ; là on risque bras et jambes, voire même la vie : ici on perd toujours l'honneur ; or, qu'est-ce qui reste quand l'honneur est perdu ?

*
* *

256. — Pardonne-nous nos offenses, comme aussi nous pardonnons à ceux qui nous ont offensés.

(La Bible.)

Le mot « *comme* » veut dire ici : dans la mesure où. Dire l'Oraison dominicale, dont fait partie cette prière, sans pardonner à ceux qui nous ont offensés et qui demandent notre pardon, c'est prononcer notre propre condamnation.

*
* *

257. — La discipline militaire suppose le maximum de la possession de soi-même, une puissance de vouloir qui doit aller jusqu'à être prêt, à toute heure, à toute minute, au sacrifice absolu de soi-même ; le soldat marche comme une machine, et tombe comme un héros.

F. Buisson.

Futurs soldats, méditez ces paroles ; dès maintenant, soyez

énergiques ; familiarisez-vous avec les devoirs sacrés
qui s'appellent dévouement, abnégation, esprit de
sacrifice.

* *

258. — **Les mauvaises** compagnies corrompent
les bonnes mœurs.

(*La Bible.*)

On ne fréquente pas impunément une mauvaise compagnie, que ce soit à l'école, dans la rue, à l'atelier ou au
régiment. Fuyez-la, résistez au mal dès le commence-
ment, ou vous êtes perdus. Rien n'est dangereux et
funeste comme les mauvaises sociétés.

* *

259. — **Un sou** épargné est un sou gagné.

Benjamin Franklin.

Eviter telle dépense qui vous tente, c'est faire preuve
d'une certaine force de caractère. Remettre en poche
le sou que déjà vous aviez tiré pour le dépenser, c'est
épargner, c'est gagner un sou. « Mais, dit-on, ce n'est
qu'un sou, un petit sou ! »... N'importe, rappelez-vous
que les « petits ruisseaux font les rivières. »

* *

260. — **L'homme** le plus parfait est celui qui est le
plus utile à ses frères.

Platon.

Se dépenser pour les autres, cela suppose certaines qualités morales : le désintéressement, la bonté, le dévouement. Or ces vertus se développent en nous dans
la mesure où nous nous rendons utiles. Celui-là donc
qui se rend le plus utile peut être considéré avec
raison comme le plus parfait.

* *

261. — **Ce qui vaut** la peine d'être fait vaut la peine d'être bien fait.

Le temps est trop précieux pour qu'on le perde à des occupations futiles. Ce qui n'a point d'importance réelle, ne le faisons pas. Mais, ce qui vaut la peine d'être fait, que ce soit pour nous ou pour les autres, doit être fait exactement, consciencieusement. C'est une bonne habitude à prendre.

262. — **L'ordre** soulage la mémoire, ménage le temps, conserve les choses.

Quand on a de l'ordre, il n'est pas besoin de grands efforts de mémoire pour retrouver ses affaires ; on ne perd pas de temps à les chercher ; on les déplace moins fréquemment, on les use moins.

263. — **Aucune** de nos actions ne se termine à nous ; nous sommes les anneaux d'une immense chaîne, et nous transmettons à toute la chaîne, soit en mal, soit en bien, l'électricité morale qui nous a ébranlés.

E. de Pressensé.

Le fluide électrique se transmet du premier au dernier, à tous ceux qui font la chaîne autour de la machine.

L'humanité forme une chaîne dont chacun de nous est un anneau. Or, rien ne se perd, ni dans le monde matériel, ni dans le domaine moral. Nos actes, bons ou mauvais, se répercutent dans la conscience, dans l'esprit, dans la volonté, et, par conséquent, dans la vie des autres. Quelle responsabilité !

264. — Ne rendez à personne le mal pour le mal.

(La Bible.)

Rendre injure pour injure, œil pour œil, dent pour dent,
est sans doute un sentiment inné, naturel ; mais c'est
un mauvais sentiment, et il le faut combattre.
Pour prouver à l'adversaire qu'il a tort, doit-on se
servir des procédés qu'il a employés et que l'on
condamne ?

265. — La concorde qui des gens honnêtes fait
des amis, des méchants ne fait que des complices.

Salluste.

Les honnêtes gens s'entendent pour le bien, deviennent
amis, s'aiment et s'estiment davantage en raison des
qualités et des vertus qu'ils se découvrent.
Les méchants s'entendent pour le mal ; mais, plus ils se
reconnaissent d'audace et de perversité, plus, au fond,
ils se méprisent. Ils se concertent, mais en complices ;
ils se craignent réciproquement, sont prisonniers les
uns des autres, sont rivés à une même chaîne.
Rarement ils ont le courage de briser cette chaine d'infamie : il faudrait dévoiler leur complicité, et rendre
compte à la société de leurs méfaits.

266. — Voiler une faute par un mensonge, c'est
remplacer une tache par un trou.

Une goutte d'encre est tombée sur une page. Grattez,
lustrez, elle ne s'enlève pas complètement. Vous crevez
le papier, vous remplacez la tache par un trou : votre
maladresse sera-t-elle moins remarquée ?

Il en serait de même de celui qui essaierait de voiler,
c'est-à-dire d'excuser une faute par un mensonge.
A sa première faute il en ajouterait une plus grave.

Dans le cahier de devoirs, à une feuille tachée on peut,
à la rigueur, substituer une feuille blanche ; mais il
est impossible d'arracher un feuillet du livre de la vie.
Les fautes qui y sont inscrites peuvent être pardonnées
à la suitte d'un regret sincère, mais personne ne peut
les effacer complètement.

.*.

267. — **Toi qui sens** battre une âme fière
    Dans un cœur mâle et fort,
    Marche en avant ta vie entière,
    Ferme jusqu'à la mort.
    Sache accomplir tout en silence
      Sans lâche vanité,
    Et que la claire conscience
      Soit ta divinité.

                                     Schuré.

Ces vers font appel au sentiment du devoir. Ils nous
pressent d'être fermes et fidèles jusqu'à la mort ;
d'être sobres de paroles, comme le sont les hommes
d'action et modestes, comme les vrais héros ;
d'écouter le cri de la conscience, comme la voix
de Dieu.

.*.

268. — **Avoir un idéal**, c'est avoir un but supérieur à l'action de chaque jour ; c'est être supérieur à
ce que l'on fait.

Pour le plus rude, le plus inculte travailleur, c'est
avoir dans l'esprit — chose bien modeste et bien

grande ! — la vue de la journée à remplir, avec la conscience de la tâche à acquitter avec loyauté.

Léon Bourgeois.

269. — Les bonnes manières ont plus d'importance que beaucoup de gens ne paraissent le croire. Les bonnes manières sont le reflet des vertus.

Sydney Smith.

270. — La bonté de l'homme doit s'étendre jusqu'aux animaux. Tourmenter les bêtes est l'indice d'une nature grossière et d'un cœur mauvais.

Les animaux, nos « frères inférieurs », sentent la douleur comme nous. Il faut n'avoir ni entrailles ni pitié pour leur infliger des souffrances inutiles.

271. — Celui-là est riche, qui reçoit plus qu'il ne consomme ; celui-là est pauvre, dont la dépense excède la recette.

La Bruyère.

Un journalier peut être à son aise ; un rentier peut être gêné, et avoir des soucis financiers. Une grande sagesse de la vie, c'est de savoir mettre ses dépenses en harmonie avec son gain ou ses revenus.

Nos besoins doivent se régler sur nos recettes Si nous suivions nos goûts, aucune fortune ne suffirait à les satisfaire.

272. — Bien faire et laisser dire.

A moins de ne se mêler de rien, de ne s'occuper de rien, il est difficile de ne pas donner prise à la critique. D'ailleurs, quand elle s'exerce loyalement, la critique nous peut être utile, et nous devons en faire notre profit.

Malheureusement, sous prétexte de critique, c'est souvent la jalousie qui parle, la malveillance, l'ignorance ; on suspecte les intentions, on blâme les moyens, on dénature le but.

Réfléchissons donc bien à ce que nous entreprenons, mais, une fois la décision prise, que rien ne nous arrête. Alors, que notre devise soit : Bien faire et laisser dire. Le progrès est à ce prix.

273. — L'honneur.

L'honneur est comme une île escarpée et sans bords :
On n'y peut plus rentrer dès qu'on est au dehors.

Boileau.

Il suffirait d'un mouvement imprudent pour nous précipiter hors de cette île. Ainsi un coup de tête, un instant de faiblesse, peuvent nous jeter hors du chemin de l'honneur, et nous priver du bénéfice de longues années d'intégrité.

L'aveu sincère de notre faute, une conduite irréprochable pourraient nous relever dans l'esprit des personnes équitables ; mais un souvenir pénible planerait sur notre vie. Il ne serait au pouvoir de personne d'effacer complètement un passé regrettable.

274. — Quel est le vrai sage ? Celui qui ne dédaigne les leçons de personne.

4*

Qui est véritablement fort? Celui qui dompte ses passions.

Qui est digne de respect? Celui qui respecte son prochain.

(Le Talmud.)

Ne dédaigner aucun bon avis, dompter ses passions, respecter son prochain, voilà trois excellentes résolutions à prendre chaque jour, et à mettre en pratique.

275. — **Il y a** des personnes toujours fort reconnaissantes des services qu'on va leur rendre. Mais le souvenir du bienfait reçu leur pèse et les irrite. Ce sont des âmes vulgaires.

Ces personnes sont parfaitement égoïstes; c'est ce qui explique leur ingratitude.

276. — **Se venger** d'une offense, c'est se mettre au niveau de son ennemi; la lui pardonner, c'est se mettre fort au-dessus de lui.

En te vengeant d'une offense, tu fais précisément ce que tu reproches à ton ennemi; s'il t'a offensé, en effet, c'est que, à tort ou à raison, il a cru avoir à se plaindre de toi.

En pardonnant, tu te places fort au-dessus de lui, puisque tu fais ce qu'il ne sait pas faire.

277. — **Enfant**, à votre première heure,
On vous sourit, et vous pleurez.

Puissiez-vous, quand vous partirez,
Sourire, alors que l'on vous pleure !

Manuel.

Touchant et pieux souhait fait par le poète pour l'enfant qui entre dans la vie. Puissions-nous tous, quand nous partirons, c'est-à-dire quand nous sortirons de la vie, mériter qu'on verse sur nous des larmes de regrets sincères, d'affection et de reconnaissance ; mais puisse une bonne conscience placer un sourire sur nos lèvres, même en face de la mort.

278. — **Un mauvais penchant** est d'abord un passant, puis un hôte, enfin le maître.

(*Le Talmud.*)

Un passant quelconque ne gêne guère ; on l'aperçoit à peine, on poursuit son chemin, on l'oublie.

Mais que ce passant soit un mauvais désir, un mauvais penchant, tenez-vous sur vos gardes ! Si vous le considérez d'un œil complaisant, si vous lui faites le moindre signe d'intelligence, demain il reviendra et trouvera le moyen d'être votre hôte. Il priera et obtiendra, exigera, se fera obéir, et bientôt sera votre maître. Vous vous affranchirez difficilement de son empire.

279. — **L'œil** qui se moque d'un père,
Et qui dédaigne l'obéissance envers une mère,
Les corbeaux du torrent le perceront,
Et les petits de l'aigle le mangeront.

(*La Bible.*)

Ce langage est d'une énergie extrême. Il nous fait comprendre qu'il y a quelque chose de monstrueux et de contre nature dans la conduite des enfants qui ont « mal tourné », et nous fait deviner qu'un châtiment sévère les attend.

Tôt ou tard, sous l'aiguillon du remords, et sous la pression de l'adversité, certains enfants rebelles reconnaissent leur faute et se repentent ; mais souvent leurs parents ne sont plus là pour les entendre !

280. — **Où la moquerie** est la plus sotte, où elle fait le plus de tort au moqueur, c'est quand elle s'attaque à des défauts extérieurs ; elle n'est pas alors seulement d'un méchant esprit, elle est d'un cœur vil et mauvais.

Se moquer de l'un parce qu'il est gros, de cet autre parce qu'il est fluet, de celle-ci parce qu'elle est infirme, de celle-là parce qu'elle est trop petite, de cette autre parce qu'elle est trop grande, ou parce qu'elle a une prononciation difficile, ou parce qu'elle a l'accent du pays où elle est née, rien n'est plus niais.

Cet épluchage du prochain par des gens qui perdraient tout à être épluchés eux-mêmes, est une véritable pauvreté d'esprit.

Magasin d'éducation et de récréation.

281. — **N'entretenez point** de votre bonheur un homme plus malheureux que vous.

Plutarque.

Evitez les sujets de conversation qui éveilleraient chez votre interlocuteur des souvenirs douloureux. Parlez de préférence de ce qui peut lui être agréable et lui faire du bien. Conformons-nous à cette maxime par tact, par délicatesse, par charité.

282. — **Les paresseux** sont semblables aux mauvaises plantes, qui prennent la nourriture des autres et ne produisent rien.

L'écolier qui copie sur son voisin, le mendiant qui refuse une offre de travail, le solliciteur qui vit au crochet des gens qu'il dupe, sont autant de mauvaises plantes.

283. — **Le Travail et l'Ignorance.**

Par le travail tout plait, tout s'unit, tout s'arrange,
Allez donc à l'école, allez, mon petit ange.
Les chiens ne lisent pas, mais la chaine est pour eux.
L'ignorance toujours mène à la servitude .

Mme Desbordes Valmore.

Laissez-vous instruire le plus possible pendant que vous êtes à l'école et même quand vous en serez sortis. L'ignorant est à la merci de tous les exploiteurs et subit toutes les servitudes.
Profitez de toutes les occasions qui vous permettent de cultiver votre bon sens et de développer votre jugement ; vous briserez ainsi la chaîne qui est toute prête pour les sots et les ignorants. L'instruction est l'apprentissage de l'indépendance et de la liberté.

284. — **Quand tu entres** dans une tente, on juge de toi d'après ton habit; quand tu en sors, d'après ton esprit.

(Proverbe arabe.)

Ce proverbe trouve son application partout. N'attache pas
plus d'importance qu'il ne faut aux soins extérieurs à
donner à ta personne. Que ta mise convienne à ton
état et soit honnête, cela suffit : on te jugera bientôt
sur ton savoir, sur ton bon sens et sur ton esprit.

285. — Pour devenir un homme.

Mais, pour le devenir, enfant, reste fidèle
Au devoir d'aujourd'hui : travailler, obéir.
L'heure que tu vois fuir, souviens-t'en, porte en elle
Ou le mal ou le bien, germe de l'avenir.

Mme E . de Pressense.

Travailler, obéir, c'est le devoir de l'enfant ; c'est d'ailleurs aussi le devoir de l'homme, car il ne s'agit pas
simplement de l'obéissance due à ses supérieurs, celle-
là s'impose ; il s'agit surtout d'être attentif et docile à
la voix de la conscience.
Pour devenir un homme dans la belle acception du mot,
reste fidèle, mon enfant, à ton devoir d'aujourd'hui,
travaille, obéis. La façon dont tu remplis ce devoir à
l'heure présente te facilitera ou te rendra plus difficile
l'accomplissement du devoir de demain.

286. — Connais-toi toi-même.

Socrate.

Il s'agit de bien connaître l'homme qui est au dedans de
nous, à qui nous dictons nos volontés, ou qui nous soumet à ses caprices. Il faut connaître les inclinations
secrètes de cet homme et ses faiblesses, pour nous en
défier.
Il convient aussi de connaître ses bonnes qualités, son
courage, sa puissance de travail, sa ténacité, pour que

à l'occasion, nous puissions faire fonds sur lui.

Comment arriverons-nous à connaitre cet homme ?

***

287. — Tout homme doit aimer sa patrie, et c'est une des plus douces que la nôtre et des mieux faites pour être aimée (1) ; et tout homme doit l'aimer plus encore lorsqu'elle est malheureuse (2), et la nôtre n'est pas consolée (3).

Léon Bourgeois.

***

288. — Va où tu peux ! Meurs où tu dois !

***

Voilà une fière devise (4). Elle signifie : vise très-haut ; aie de nobles ambitions, c'est le seul moyen de sortir de la médiocrité. Mais, prépare-toi en même temps à savoir mourir en homme à l'heure et à l'endroit où le devoir te demandera le sacrifice de ta vie (5).

***

289. — La voie de Dieu.

Oh ! bien loin de la voie

Où marche le pêcheur,

Chemine où Dieu t'envoie !

(1) Quelles raisons donneriez-vous à l'appui ? — (2) Pourquoi cela ? — (3) Quel est le sens de cette phrase ?
(4) Devise d'une famille noble de l'Angoumois.
(5) En 1794, Kléber, pour assurer une retraite, chargea le commandant Chevardin de défendre le passage d'un pont. « Tu seras tué, lui dit-il, mais tu sauveras tes camarades ». — « Oui, mon général », dit Chevardin, et il exécuta à la lettre sa consigne.

Guizot (1789-1848, I, p. 208).

Enfant, garde ta joie !
Lis, garde ta blancheur.
Sois humble ! Que t'importe
Le riche et le puissant ?
Un souffle les emporte.
La force la plus forte,
C'est un cœur innocent !

Bien souvent Dieu repousse
Du pied les hautes tours ;
Mais, dans le nid de mousse
Où chante une voix douce,
Il regarde toujours !

Reste à la solitude !
Reste à la pauvreté !
Vis sans inquiétude,
Et ne te fais étude
Que de l'éternité.

Victor Hugo.

*
* *

290. — **Qui vit** sans but et, comme on dit, à l'aventure, vit tristement. Dans la vie morale, pour éprouver du plaisir, il faut se proposer un but et l'atteindre.

De Gérando.

Chaque jour Franklin s'appliquait à combattre un défaut particulier ; un jour, par exemple, il luttait contre le mensonge et la dissimulation, le lendemain contre le désordre et la perte de temps.

Au bout d'un certain temps, il pratiquait un même jour
deux vertus, puis trois, jusqu'à ce qu'il fût assez vigi-
lant, assez sûr de lui pour observer à la fois toutes les
vertus qu'il s'efforçait d'acquérir.

Franklin s'était proposé un but dans sa vie morale et ne
l'a jamais perdu de vue ; ce fils d'un pauvre fabricant
de chandelles est devenu le premier citoyen des Etats-
Unis d'Amérique. Il a rendu des services à l'humanité entière ; la France même lui doit beaucoup.
« Par la dignité de sa vie, par sa parole et par ses
« écrits, il nous a préparés à la liberté en nous mon-
« trant qu'une grande nation peut se gouverner elle-
« même (1). »

* *

291. — Plus l'âme s'élève, moins l'à peu près lui
suffit.

Ed. Charton.

Plus elle s'élève, en effet, plus l'âme devient clairvoyante,
sensible, exigeante.

Il lui faut en toutes choses la vérité vraie et complète ;
elle a horreur de l'à peu près qui est une forme du
laisser-aller, du mensonge et de l'immoralité. Notre
grand ennemi à tous, c'est l'à peu près ; il faut le vaincre
à tout prix, sous peine de n'arriver à rien.

* *

292. — Être homme.

Le sais-tu ? ce n'est pas peu de chose ;
C'est être patient, c'est être juste et fort,
C'est vouloir, c'est aimer. A toute noble cause
C'est donner en entier sa vie et son effort.

M⁻ᵉ E. de Pressensé.

____

(1) O. Gréard.

Les qualités qui font la vraie virilité : la patience et la
fermeté, l'amour de la justice pour soi et pour les
autres, le courage de prêcher d'exemple, l'énergie, le
dévouement aux nobles causes, tout ce qui constitue
l'homme digne de ce nom ne vous viendra pas en une
fois, à tel jour ou à telle heure. Ces vertus, il faut commencer à les acquérir dès maintenant.

293. — **Il faut** que la femme soit capable, si les
circonstances la placent dans une situation pénible, de
se tirer d'affaire elle-même.

A. Coquerel.

L'orpheline, la veuve, la jeune fille qui prend soin de
ses parents se trouvent souvent dans des situations
difficiles.
Si elles sont capables de se tirer d'affaire elles-mêmes,
elles sauvegardent mieux leur dignité et leur indépendance.
Jeunes filles, pensez à ces tristes éventualités et préparez-vous à compter surtout sur vous-mêmes.

294. — **Demande-toi** le matin quels sont les ennemis qu'il faut combattre ; le soir, quels sont ceux que
tu as essayé de vaincre et ceux que tu as vaincus ?

Si nous sommes sincères avec nous-mêmes, à quoi nous
portera cet examen de conscience ?

295. — **C'est très-haut** qu'il faut aller prendre le
bonheur. On le cherche toujours trop bas.

A. de Gasparin

C'est très-haut qu'il faut chercher le bonheur : dans
l'esprit de dévouement, dans la pratique du devoir,

dans le pardon des offenses, dans la pureté des sentiments ; là seulement on le trouve. On le cherche en vain dans les plaisirs bruyants et grossiers et dans les jouissances matérielles de la vie.

296. — L'Amour maternel.

Oh ! l'amour d'une mère, amour que nul n'oublie !
Pain merveilleux qu'un Dieu partage et multiplie !
Table toujours servie à l'éternel foyer !
Chacun en a sa part et tous l'ont tout entier !

Victor Hugo.

Il faudrait désespérer de l'homme qui en arriverait à oublier sa mère ou l'amour de sa mère !

L'amour maternel réconforte les cœurs comme le pain réconforte le corps. La mère prodigue son amour à toute heure : « la table est toujours servie » ; les parts sont toujours égales, quel que soit le nombre des enfants, et chacun de ceux-ci dit *ma* mère, comme si elle était à lui seul. Puissions-nous tous par les sentiments d'une piété vraiment filiale répondre aux tendresses que notre mère a eues ou a encore pour nous !

297. — Le courage le plus nécessaire en ce monde n'est pas toujours d'une nature héroïque. Il faut du courage pour la vie ordinaire, comme pour les grandes entreprises qui appartiennent au domaine de l'histoire.

Il y a, par exemple, le courage d'être honnête, de résister à la tentation, de dire la vérité, le courage d'être ce que nous sommes réellement, et de ne pas vouloir nous faire passer pour ce que nous ne sommes pas, le courage de vivre honorablement avec nos propres moyens, et de ne pas mener une vie honteuse avec les ressources des autres.

Samuel Smiles.

> Le courage héroïque, on nous le demande dans les circonstances graves et relativement rares. Le courage de l'honnête homme est mis à l'épreuve tous les jours. Celui qui résiste aux préjugés, qui, publiquement, prend la défense de la justice, du droit, de la moralité, est certainement un homme courageux.

298. — **L'obéissance** forcée est une souffrance, l'obéissance volontaire est un plaisir ; l'une abaisse, l'autre ennoblit.

A. Vessiot.

> La vie dépend de la manière dont nous comprenons et pratiquons l'obéissance.
> Ceux qui obéissent par contrainte sont à plaindre ; ils éprouvent une souffrance morale, une espèce d'humiliation qui affaiblit en eux le plaisir de bien faire.
> Obéir volontairement et avec conviction, même quand il nous en coûte, cela nous fait éprouver un plaisir des plus purs, double notre énergie, nous rend joyeux et libres.

299. — **Fais du bien** à tes amis pour qu'ils t'aiment davantage ; fais-en à tes ennemis pour qu'ils deviennent tes amis.

300. — **Le capital** est du travail accumulé, et le travail est du capital en germe.

Cobden.

Le travail porte en lui le capital en germe ; l'économie
fait éclore ce germe et le développe, le manque d'ordre et la dissipation l'étouffent. Le capital est donc réellement une accumulation d'économies, et par conséquent
une accumulation de travail.

Le capital, à son tour, alimente le travail. Grâce au capital, on peut entreprendre et mener à bonne fin des
travaux qui durent des années et qui ne rapportent que
plus tard.

Le travail et le capital se prêtent ainsi un mutuel appui.

*
* *

301. — N'agis pas, n'écris pas sous l'influence immédiate d'un sentiment de colère ou de haine. Tu
t'épargneras bien des regrets.

Il est incroyable combien souvent nous jugeons dif-
féremment des mêmes choses seulement à un inter-
valle de vingt-quatre heures.

Sidney Smith.

*
* *

302. — Puisque vous devez vivre les uns avec les
autres, souvenez-vous qu'il faut savoir vivre les uns
pour les autres.

***

Vivre avec les autres c'est-à-dire être en rapports journaliers, cela peut amener bien des froissements. Le seul
moyen de les prévenir, c'est de vivre les uns pour les
autres, en appliquant les principes de la fraternité et
du dévouement. Le grand obstacle, le grand ennemi,
c'est l'égoïsme auquel il faut déclarer une guerre à
outrance de tous les jours et de tous les instants.

*
* *

303. — Celui qui n'est pas fidèle dans les petites choses ne saurait être fidèle dans les grandes.

(La Bible.)

Vouloir établir une distinction subtile entre nos devoirs, considérer les uns comme importants, les autres comme secondaires, c'est s'accoutumer peu à peu, mais très sûrement, à être négligent en toutes choses, à n'être scrupuleux en rien.

Il n'y a pas de petits devoirs, en effet, il y a *le devoir* ; et le devoir se présente à nous non pas dans telle circonstance plus ou moins solennelle, mais constamment. Cela est d'autant plus vrai que les « petites infidélités » ressemblent beaucoup aux « grandes » et qu'elles y mènent infailliblement, si l'on n'y prend garde.

304. — Ecrivez les injures sur le sable et les bienfaits sur le marbre.

Les caractères tracées sur le sable disparaissent vite : ceux qui sont gravés sur le marbre durent des siècles. Cette maxime nous invite à oublier généreusement les injures qui nous sont faites, mais à nous souvenir, avec reconnaissance, des bienfaits dont nous avons été l'objet.

305. — Vous ne faites rien, jeune homme ? il suffit. Je préférerais entendre dire que vous avez le choléra, car le choléra ne contamine, ne tue que le corps. Le mal d'oisiveté qui vous ronge détruit tout l'homme.

Que l'homme ait du pain en abondance et vive, sans travailler du travail d'autrui, ou qu'il n'ait pas de pain, mais que, paresseux, il le mendie ou le vole, il n'y a pas de place pour lui en ce monde. Il tombe de l'arbre comme une feuille morte.

C. Wagner.

306. — **Qu'aucune mauvaise parole** ne sorte de votre bouche.

(*La Bible.*)

Les mauvaises paroles donnent une triste opinion de celui qui les prononce, de son état d'esprit, de sa pensée, de son être moral. Même alors qu'elles partent des lèvres seulement, elles font supposer une nature commune et grossière.

Les mauvaises paroles sont un sujet de scandale pour ceux qui les entendent et souvent leur suggèrent des pensées mauvaises. Quelle responsabilité !

307. — **Le seul viatique** (1) utile pour faire la traversée de la vie, c'est un grand devoir et quelques sérieuses affections. Et même les affections périssent, ou du moins leurs objets sont mortels ; un ami, une femme, un enfant, une patrie, une église, peuvent nous précéder dans la tombe : le devoir seul dure autant que nous.

Amiel.

308. — **Quand tu es**, la nuit, dans ta chambre, la porte bien fermée et la lumière éteinte, garde-toi bien de dire que tu es seul, car tu ne l'es pas.

Epictète.

(1) Provision de route.

Qui donc est avec toi ? Qui donc te parle ? Applique-toi, mon enfant, à l'écouter, la voix mystérieuse de la conscience qui se fait entendre dans ton cœur. Ecoute ses appels, suis ses inspirations ! Ce sera la sauvegarde de ton innocence, de ta dignité et de ton bonheur.

***

309. — **Le cœur de la femme** est le plus riche trésor de la terre ; mais, s'il n'est le trésor de Dieu, il devient le trésor du diable.

A. Monod.

Par sa bonté compatissante pour la souffrance, par son dévouement, son esprit de sacrifice, son affection désintéressée d'épouse et de mère, la femme occupe généralement un rang plus élevé que l'homme. Son cœur est le plus riche trésor de la terre, le trésor de Dieu, puisqu'il renferme tant de vertus divines.

Mais, plus on tombe de haut, plus on tombe bas ; aussi la femme dégradée paraît-elle plus avilie que l'homme déchu. Il n'y a guère de moyen terme pour elle : ce qu'il y a de mieux ou ce qu'il y a de pire. C'est ce qu'indique notre maxime dans son éloquent et incisif langage.

Jeunes filles, retenez ces paroles : Trésor de Dieu ou trésor du diable !

***

310. — **Les jeunes gens** ne paraissent jamais plus à leur avantage que quand ils rendent hommage aux vieillards. C'est le lierre autour d'un chêne : il ramperait sans cet antique appui.

Aimé Martin.

Ce que vous êtes, jeunes gens, vous le devez aux générations qui vous ont précédés. Les bienfaits et avantages dont vous jouissez ont été en grande partie créés ou conquis par ceux qu'avec un certain dédain vous appelez volontiers « les vieux ».

Voilà pourquoi il sied si bien aux jeunes gens de témoigner aux vieillards de la déférence.

L'auteur que nous venons de citer, vous adresse ces belles paroles : vous êtes le lierre, ils sont le chêne. Le lierre mépriserait-il le chêne sans lequel il se trainerait dans la poussière ?

***

311. — On ne fait son bonheur qu'en s'occupant de celui des autres.

Bernardin de Saint-Pierre.

Quand on a rendu un service à quelqu'un, on éprouve une douce joie. On est heureux de contribuer au bonheur de ceux qui nous aiment.

Faire son bonheur en rendant d'autres heureux, c'est le propre des âmes d'élite. Elles éprouvent des jouissances que le vulgaire ne connait pas.

***

312. — La mort nous dépouille de nos biens, et nous habille de nos œuvres.

Petit-Senn.

Rappelez-vous tel personnage de l'histoire. Pensez-vous jamais aux biens qu'il possédait? Non ; à sa mort ils sont devenus la propriété de ses héritiers, aujourd'hui ils appartiennent on ne sait à qui.

Ce qui vous frappe ce sont les actes bons ou mauvais de cet homme; ils entourent son nom, sa mémoire, constituent comme l'œuvre de sa vie, et lui donnent une physionomie originale : la mort l'a dépouillé de ses biens, et l'a habillé de ses œuvres.

***

313. — **Celui qui ouvre** sa fenêtre pour respirer à pleins poumons l'air du matin, celui-là ouvre à Minerve.

***

Se lever avant l'heure, regarder la fraîche verdure, respirer le bon air du matin, ouvrir son âme aux impressions de la nature et aux saines pensées, se recueillir avant le travail, c'est se mettre dans de bonnes dispositions, c'est se préparer une bonne journée, c'est ouvrir à Minerve, la déesse ou la personnification de la Sagesse.

*
* *

314. — **L'homme** n'est pas maître de ses sentiments, mais il est maître de ses actions; on ne peut pas se défendre d'être craintif, mais on peut se défendre d'être... lâche.

Que sert à un homme lâche d'être bon, humain, généreux? Sa bonté, son humanité, sa générosité tomberont à la première épreuve comme les armes d'une main paralysée.

E. Legouvé.

*
* *

315. — **Ceux qui se plaignent** de la fortune n'ont souvent à se plaindre que d'eux-mêmes.

Voltaire.

Fortune veut dire, ici, sort ou destinée. Très souvent nous sommes la cause première de la situation fâcheuse où nous nous trouvons, mais nous n'avons ni la franchise ni le courage de nous l'avouer. Que de fois nous

pourrions et nous devrions nousdire : Je l'ai bien voulu,
je subis ce que j'ai mérité, je suis puni par où j'ai
péché !

*
* *

316. — Après votre propre estime, c'est une vertu
que de désirer celle des autres.

Cicéron.

Désirer notre propre estime, c'est, au fond, désirer l'ap·
probation de notre conscience ; c'est, par conséquent,
lutter contre le mal. Combien il est moralement dé-
gradé celui qui, dans son for intérieur, est contraint de
se mépriser lui-même !
Désirer l'estime des autres, est une vertu. Ce désir,
en effet, nous porte à nous surveiller plus que nous
ne ferions si nous étions indifférents à cette
estime.

*
* *

317. — Le pauvre a besoin de pain, mais il a besoin aussi d'affection, de consolation et de paix intérieure. Aucun travail, ni aucun salaire ne sauraient lui
tenir lieu de ces biens-là.

R. Hollard.

Nous faisons bien sans doute de donner du pain au
pauvre, et de lui procurer du travail ; mais, combien
nous le rendons plus heureux quand nous lui faisons
sentir que nous sommes ses frères, que nous l'aimons,
que nous compatissons à ses peines et que son âme vit
un peu dans la nôtre ! C'est ce que fait la vraie charité !

318. — Tout bon arbre porte de bons fruits ; mais
le mauvais arbre porte de mauvais fruits. Vous les connaîtrez donc à leurs fruits.

(*La Bible.*)

Vous jugez l'arbre fruitier non sur son feuillage, mais
sur ses fruits ; de même nous devons juger l'homme
d'après ses actes, et non d'après ses paroles.

*
* *

319. — Pour l'homme qui observe, tout est curieux (1), car c'est lui qui est curieux (2).

Marcel Dubois.

Un objet présente d'autant plus d'intérêt pour l'observa-
teur, que celui-ci est plus curieux, plus habitué à regarder, à comparer, à tirer des conclusions.
Un tel a remarqué une foule de choses intéressantes,
pendant que son compagnon n'a rien vu, rien observé
et rien retenu. C'est un témoignage peu flatteur pour
l'activité de son esprit. La bonne curiosité est la clef
du savoir et de la science.

*
* *

320. — L'amour de la patrie restreinte, de la pro-
vince et du clocher est le fondement et le germe de
l'amour de la grande patrie.

Jules Ferry.

Aimez bien votre village, mes enfants, et le coin de terre
où vous êtes nés ; conservez dans votre esprit tous les
souvenirs qui s'y rapportent ; vous en aimerez plus
fortement la grande patrie !

*
* *

321. — Honneur passe richesse.

***

Honneur passe richesse, c'est-à-dire vaut mieux que la
seule richesse . Celle-ci , en effet , si importante

(1) Intéressant.
(2) Désireux de connaitre et de savoir.

soit-elle, ne saurait guérir les plaies ni laver les taches causées par le déshonneur. L'honneur vaut mieux que la richesse, ou plutôt il est la richesse suprême ; c'est un capital qui, s'il reste intact, accorde à celui qui le possède de gros intérêts. On peut se consoler de tout perdre, quand l'honneur est sauf, mais on ne se console guère d'avoir tout sauvé quand on a perdu l'honneur !

322. — **La vie religieuse** doit être à la vie ordinaire ce que l'harmonie est à la mélodie, qu'elle relève et qu'elle soutient.

Schleiermacher.

La vie religieuse ne doit jamais être séparée de la vie ordinaire qu'elle est appelée à pénétrer, à transformer et à ennoblir jusque dans ses moindres actes. Il y a des gens qui s'imaginent que la vie religieuse ne doit s'affirmer qu'à certains moments, dans certaines circonstances, et qu'elle n'a rien de commun avec la vie de tous les jours et de tous les instants. Elle doit au contraire s'y mêler constamment, afin de la relever et de la soutenir, comme des accords harmonieux relèvent et soutiennent la mélodie.

323. — **Science** sans conscience est ruine de l'âme.

Rabelais.

On voit passer devant les tribunaux des hommes intelligents et capables qui n'en sont pas moins devenus de grands criminels.
Tantôt ce sont des dessinateurs ou des constructeurs qui, pour de l'argent, ont livré des secrets concernant la défense de notre pays, tantôt ce sont des égarés qui ont froidement attenté à la vie de leurs concitoyens.

Que manquait-il à ces malheureux ? Le savoir-faire professionnel, le courage, l'énergie? Il leur manquait la conscience, dont ils ont méconnu la voix : science sans conscience est ruine de l'âme.

324. — La force morale est une énergie d'âme qui nous fait supporter avec calme les ennuis et les maux de la vie ; qui nous donne le courage de poursuivre nos desseins avec une inébranlable fermeté, et nous conserve une vigueur d'action que les obstacles humains ne sauraient arrêter.

Mgr Landriot.

325. — Veiller et travailler.

Sache tenir, s'il faut, un sabre de bataille,
Mais studieux le soir, actif dès le matin,
Sache bien qu'un enfant qui veille et qui travaille,
Prépare au monde entier sa gloire et son destin !

Jean Aicard.

Mon garçon, ne rêve pas exclusivement la gloire militaire; sache manier un sabre de bataille, mais ne tiens pas en petite estime les vertus du citoyen. Un enfant studieux et actif travaille, même en dehors de la carrière militaire, à la prospérité de son pays. Que d'hommes sortis de familles pauvres ont exercé une influence décisive sur les destinées de notre pays et même sur celles de l'humanité !

Si chacun de vous dès aujourd'hui veille, c'est-à-dire se surveille et travaille, quelle influence décisive n'aura pas votre génération sur la prospérité et la gloire de notre patrie ! A l'œuvre donc, et pas de défaillance !

*
* *

326. — **Les âpres préoccupations** des examens et de la carrière à choisir vous solliciteront bientôt. Ceignez vos reins pour le combat, et courage ! Si quelque insuccès trahit vos efforts, raidissez-vous contre toute défaillance. Dans la lutte de la vie, ne vous croyez jamais vaincus. Recommencez l'assaut, dussiez-vous vous ensanglanter les mains. Il n'y a que les mous et les lâches qui restent au pied du mur. Les entêtés et les persévérants le franchissent.

Général Niox.

*
* *

327. — **Le moment** passé n'est plus rien,
L'avenir peut ne jamais être ;
Le présent est le seul bien
Dont l'homme soit vraiment le maître.

J.-J. Rousseau.

Le présent est le seul bien dont nous soyons le maître, et il dure si peu ! Faisons donc de ce bien le meilleur emploi possible !

*
* *

328. — **Que l'honneur** de ton voisin te soit aussi cher que le tien.

(Le Talmud.)

Ne porte aucune atteinte à l'honneur de ton voisin, et ne
permets pas que les autres en fassent bon marché.
Avertis même amicalement ton voisin, s'il s'exposait à
se discréditer.

Pourquoi cela ? Tu dois faire aux autres ce que tu voudrais qu'ils te fissent.

D'autre part, ton honneur, à toi, souffrira certainement
du voisinage d'un homme qui aurait une mauvaise réputation.

329. — Venez à Dieu.

Vous qui pleurez, venez à Dieu, car il pleure (1);
Vous qui souffrez, venez à lui, car il guérit ;
Vous qui tremblez, venez à lui, car il sourit ;
Vous qui passez (2), venez à lui, car il demeure.

Victor Hugo.

330. — Ne rapporte pas le propos d'autrui. As-tu
entendu quelque parole contre un autre, qu'elle meure
par devers toi.

Salomon.

Tel propos qui n'eût fait de mal à personne a de graves
conséquences parce qu'il est mal rapporté ou mal inter-
prété. IL est rare qu'on répète exactement les propos d'autrui ; on perd de vue aussi les circonstances
dans lesquelles ils ont été tenus, l'intonation et le
geste qui en modifiaient le sens. Le plus sage est donc
de garder par devers soi tout propos qui risquerait de
froisser des personnes absentes.

(1) Il a pitié.
(2) Qui disparaissez vite de cette terre.

Bien des heures troublées, bien des ruptures d'amitié n'ont eu d'autre origine. Il est donc très coupable celui qui sans nécessité, par un malin plaisir, colporte des propos déplaisants. As-tu entendu quelque parole contre un autre? qu'elle meure par devers toi !

331. — **Que votre parole** soit : Oui, oui ! Non non ! Tout ce qui est de plus vient du mal.

(La Bible.)

Vous offrez votre parole « d'honneur ». Vous auriez donc deux paroles, une douteuse et une ferme ? et, suivant le cas, suivant les personnes, vous donneriez l'une de préférence à l'autre ? Et quelle confiance voulez-vous qu'on ait en vous?

Dites « oui », ou « non »; n'ajoutez rien, vous rendriez votre parole suspecte. Faites-vous la réputation d'un homme que l'on peut croire sur son affirmation pure et simple, et soyez fier de cette réputation.

Il y a en Amérique une secte religieuse dont les membres ne donnent jamais leur parole d'honneur, ne prêtent jamais serment. Ils disent oui ou non, et il n'est pas d'exemple, dit-on, qu'un Quaker, ait menti. Tout honnête homme est Quaker sous ce rapport.

332. — **Le seul point** qui importe, c'est qu'il y ait en vous un vrai cœur de femme, je veux dire un cœur jaloux de vivre non pour vous, mais pour autrui.

A. Monod.

« Vivre pour autrui », c'est se dévouer aux autres ; or c'est là le seul point qui importe au bonheur de la femme.

La femme, en effet, animée d'un vrai cœur de femme, est heureuse dans la mesure où elle se dévoue à ses parents, à son mari et à ses enfants, ou bien, d'une façon générale, à ceux qui souffrent, à ceux qui ont besoin de secours et de consolation.

333. — **L'homme est capable** de se perfectionner; il est doué de liberté et de volonté pour se compléter en bien ou en mal. Par la vertu, l'âme libre s'accroît; elle décroît par le vice.

Louis de Léon.

Nous sommes doués de liberté et de volonté : de liberté, pour choisir entre le bien et le mal ; de volonté, pour choisir le bien et agir en conséquence. Quelle responsabilité pour nous si nous nous laissons aller !
La liberté est en raison directe de l'empire de la vertu, et en raison inverse de la domination du vice. Il en est ainsi des individus, des sociétés et des nations.

334. — **Quand une lecture** vous élève l'esprit et vous inspire des sentiments nobles et courageux, ne cherchez pas une autre règle pour juger de l'ouvrage : il est bon, et fait de main d'ouvrier.

La Bruyère.

Les bons livres sont les meilleurs amis ; les bonnes lectures remplacent la meilleure compagnie.

335. — L'épi.

Ah ! papa, s'écria l'enfant,
Voilà l'épi par excellence !
Regarde-le, comme il est grand !

— « Tu te trompes, mon fils, lui répondit le père,
Ce qu'il faut admirer, c'est cet épi si plein,
   Modestement se courbant vers la terre.
     Le fol épi, vide de grain,
      S'élève toujours d'un air leste :
      C'est l'image d'un homme vain ;
      Mais voici la vertu modeste. »

***

Observez bien les gens vaniteux ; vous verrez qu'ils ont
presque toujours l'esprit vide.

*
* *

336. — **Tout pour la Patrie.** Il faut l'aimer sans
rivale(1) ; il faut être prêt à lui sacrifier jusqu'aux plus
intimes préférences. Patriote avant tout, je ne mets
rien au-dessus de ce titre.

Gambetta.

La patrie est notre mère, soyons des fils dignes de son
passé et de son avenir !

Il y a des gens qui nient l'amour de la patrie ! Comment
peut-on proférer un tel blasphème quand on a le bonheur et l'honneur d'avoir la France pour patrie !

Il est beau de mourir pour elle, mais il est plus beau de
vivre pour elle, de travailler, de s'instruire pour elle,
de devenir un homme capable de la servir avec dévouement et de la défendre au prix de son sang !

*
* *

337. — **Bien mal acquis ne profite pas.**

Cette affirmation est dictée par l'expérience, c'est-à-dire
par l'observation des faits.

(1) Par-dessus tout.

Une loi mystérieuse, que vous ne pouvez encore qu'entrevoir, frappe de stérilité le bien mal acquis. Ce bien paralyse pour ainsi dire les élans généreux de son propriétaire ; c'est un capital qui rapporte de mauvais intérêts ; c'est un abonnement à la malechance ; rarement les héritiers en profitent.

* .·. *

338. — **Dans le cours** de ma vie, je n'ai trouvé de gens communément méprisés que ceux qui vivaient en mauvaise compagnie.

Montesquieu.

Ce fait d'expérience se vérifie encore aujourd'hui. Plusieurs de ceux qui vivent en mauvaise compagnie, le savent, mais ils n'ont plus la force de se dégager; ils ne peuvent plus faire acte de volonté pour briser les chaines auxquelles ils se sont laissé river.

* .·. *

339. — **La vanité** et l'orgueil nous coûtent plus que la faim, la soif et le froid.

Benjamin Franklin.

Que de gens vivraient à leur aise s'ils se défendaient simplement contre la faim, la soif, le froid ; autrement dit s'ils ne recherchaient dans la nourriture et le vêtement que le moyen de vivre convenablement !
Mais il leur faut un mobilier luxueux, de la vaisselle de prix, des habits recherchés, et ils se créent sans cesse des besoins nouveaux. Leurs dépenses sont bientôt hors de proportion avec leurs recettes; ils ont des soucis, parce qu'ils n'arrivent plus à joindre les deux bouts. La vanité et l'orgueil leur ont coûté plus cher que la faim, la soif et le froid.

* .·. *

40. — **Ce que tu vois** de l'homme n'est pas l'homme.
C'est la prison où il est enserré (1),
C'est le tombeau où il est enterré,
Le lict branlant où il dort un court somme.

A bien parler, ce que l'homme on appelle,
C'est un rayon de la divinité,
C'est un atome esclos de l'unité (2),
C'est un dégout (3) de la source éternelle.

Recognoy donc, homme, ton origine,
Et, brave et haut, dédaigne ces bas lieux,
Puisque fleurir tu dois là-haut es (4) cieux,
Et que tu es une plante divine.

Pibrac.

341. — **L'égoïsme** a ceci de particulier, qu'en privant celui qui s'y livre de jouissances pures et toujours nouvelles, il endurcit de plus en plus son cœur contre tout ce qui pourrait l'épanouir et le vivifier.

Gauthey.

L'égoïsme ne peut être vaincu que par les émotions bienfaisantes qui suivent les actes de dévouement et de renoncement. Or, l'égoïste se refuse à ces actes et par conséquent à ces émotions ; de là vient la difficulté extrême qu'il éprouve de lutter contre ce mal.
Défendez-vous contre l'égoïsme, chers amis ; rendez-vous utiles aux autres, soyez prévenants, serviables, aimables : vous ne connaîtrez pas l'ennui, vous serez toujours joyeux.

(1) Enfermé.
(2) De Dieu.
(3) Ce qui dégoutte ou découle.
(4) Dans les.

342. — **Quand on laisse** entrer le désordre dans une maison par le trou de la serrure, il y construit bientôt une citadelle.

A. Z.

Ce qui peut passer par le trou de la serrure paraît une quantité négligeable. Mais le désordre est comme l'ivraie, il envahit tout. Laissez-le entrer par le trou de la serrure, il sera bientôt solidement installé et régnera en maître dans toute la maison. Comment cela, et pourquoi ?

.•.

343. — **La place du pauvre.**

J'aime ce vieil usage observé des Hébreux,
Et qui fait pardonner leur bonheur aux heureux :
Le soir, quand la famille, à table réunie,
Par l'aïeul en prière à voix haute est bénie,
Quand les nombreux enfants, jeune essaim bourdonnant,
Ont baisé tour à tour son grand front grisonnant
Et cherché du regard la servante attardée,
Toujours pour quelque pauvre une place est gardée :
C'est lui que l'on attend, lui qui paraît au seuil,
Lui, sale et misérable, à qui l'on fait accueil.

Ah! si nous revenions à l'antique coutume,
Les pauvres gens au cœur auraient moins d'amertume,
Et l'opulent foyer serait comme un saint lieu :
Car la place du pauvre est la place de Dieu.

Eugène Manuel.

.•.

344. — **Dieu** n'a pas attaché le bonheur à la richesse, mais à la paix d'une bonne conscience et à l'affection mutuelle.

Laboulaye.

> Oui, faire son devoir, avoir la conscience nette, se sentir aimé et aimer en retour, voilà le vrai secret du bonheur, que ne connaît pas maint fortuné de ce monde.

345. — **Ceux qui restent** à ceux qui passent
Disent : Infortunés ! déjà vos fronts s'effacent.
Quoi ! vous n'entendez plus la parole et le bruit !
Quoi ! vous ne verrez plus ni le ciel ni les arbres !
> Vous allez dormir sous les marbres !
> Vous allez tomber dans la nuit !

> Ceux qui passent à ceux qui restent
Disent: Vous n'avez rien à vous ! vos pleurs l'attestent !
Pour vous, gloire et bonheur sont des mots décevants ;
Dieu donne aux morts les biens réels, les vrais royaumes ;
> Vivants ! vous êtes des fantômes (1),
> C'est nous qui sommes les vivants (2) !

V. Hugo.

346. — **Celui qui a planté** un arbre n'a pas vécu inutile.

(*Proverbe indien.*)

> Planter un arbre, c'est peu de chose ; et pourtant plusieurs générations jouissent de ses fruits ou de son ombrage. Celui qui l'a planté n'a pas été inutile,

---

(1) Vous allez disparaître de la terre comme disparaissent les fantômes.
(2) Nous vivons dans la vie éternelle.

il a travaillé pour la postérité. A ce même titre, ceux qui ont introduit dans notre pays le ver à soie, le cerisier, la pomme de terre, tiennent une place marquée parmi les bienfaiteurs de l'humanité.

Mais le proverbe indien, dans son langage imagé, signifie d'une façon générale: celui qui fait une œuvre, si petite ou si modeste soit-elle, au bénéfice de la postérité, celui-là n'a pas vécu inutilement.

*
* *

347. — L'honneur me reste, il me suffit.

***

Heureux celui qui, après avoir été calomnié, après avoir subi des revers de fortune ou d'autres malheurs, peut s'appliquer cette fière parole. On peut se consoler de bien des événements pénibles, prendre son parti de bien des déceptions, quand l'honneur est intact. Par contre, quand l'honneur est perdu, tout est perdu.

*
* *

348. — Suffit-il d'exercer la piété à certains jours et à certains moments, comme on porte tels vêtements aux dimanches et aux jours de fête? Non, non, la piété, pour être vraie, doit inspirer tous les actes de la vie quotidienne.

***

*
* *

349. — Ayez la conscience pure, et vous posséderez toujours la joie.

La gloire des bons est dans leur conscience, et non dans la bouche des hommes.

(Imitation de Jésus-Christ.)

Quoi qu'il arrive, tant que notre conscience nous approuve, nous conservons un sentiment vif de contentement et

de joie. Si elle nous condamne, tous nos plaisirs sont
trompeurs, toutes nos joies sont fausses.

Ils ne sont pas tous heureux ceux que le monde estime
être tels. Nous ne savons pas, en effet, ce qui se passe
dans la conscience d'un chacun ; or, c'est dans sa conscience que chacun trouve l'arrêt de son bonheur ou de
son malheur, et cet arrêt est décisif.

*
* *

350. — Oh ! bien heureux qui peut passer sa vie
Entre les siens, franc de haine et d'envie,
Parmy les champs, les forest et les bois,
Loin du tumulte et du bruit populaire ;
Et qui ne vend sa liberté pour plaire
Aux passions des princes et des rois !

Philippe Desportes.

Nous n'avons plus de princes ni de rois aux passions
desquels on puisse chercher à plaire ; mais les âmes
vénales trouvent toujours à qui vendre liberté et conscience. Heureux celui qui sait rester digne, intègre,
et qui ne se prête à aucun prix aux lâches complai-
sances !

*
* *

351. — La Douleur.

L'homme est un apprenti, la douleur est son maître,
Et nul ne se connaît, tant qu'il n'a pas souffert.

Alfred de Musset.

La douleur est la condition de notre développement
physique et moral.

Or, toute transformation est accompagnée de souffrance.
Il en est ainsi dans la vie de l'individu, dans la vie des
peuples et dans celle de l'humanité, c'est une loi
à laquelle nous ne saurions échapper. A l'école de ce
maitre, souvent très sévère, nous faisons un sérieux

apprentissage ; nous apprenons la patience, la résignation, la pitié, la prudence, le courage. Nous apprenons
aussi à nous connaître nous-mêmes ; or, la connaissance
de soi-même est indispensable à notre développement
moral et à l'accomplissement de notre destinée.

352. — Modestie.

Qu'elle (1) **sache** ignorer les choses qu'elle sait...
Et qu'elle ait du savoir, sans vouloir qu'on le sache ;
Sans citer les auteurs, sans dire de grands mots,
Et clouer de l'esprit à ses moindres propos.

Molière.

Cette recommandation est encore de circonstance aujourd'hui, malgré l'importance très justifiée que nous
attachons à la culture intellectuelle des jeunes filles.
Ne pas afficher ses connaissances, ne pas chercher à faire
de l'esprit, c'est tout simplement être réservé et modeste. Or, la modestie, qui va bien à tout le monde,
sied particulièrement à la jeune fille.

353. — Honore ton père et ta mère, afin que tes jours soient pro¹ongés (c'est-à-dire, afin que tu sois heureux).

(La Bible.)

L'expérience, qui est une longue observation des faits,
prouve qu'une loi mystérieuse fait de la piété filiale une
condition de prospérité.
Telle « mauvaise chance », telle infortune « imméritée »
ont pour cause lointaine l'ingratitude envers les parents ; quant à tel succès honorable, il en faut chercher la cause première dans le respect des parents.

(1) La femme.

Le bonheur promis aux enfants pieux consiste tout d'a-
bord, chacun le peut éprouver, dans une paix intérieure qui sera d'un prix inestimable le jour où nous
fermerons les yeux à nos bons parents.
A travers les déchirements de la séparation, le sentiment
de les avoir aimés et honorés adoucit notre douleur.
Leur bénédiction planera sur le reste de notre vie.

354. — **Il faut qu'un homme** soit dans ce monde
comme un bon livre dans une bibliothèque : qu'on
puisse toujours le voir avec intérêt et plaisir, et qu'on
puisse dire de lui : Il y a certainement à gagner dans
son commerce.

Mme Campan.

355. — **L'orgueil déjeune** avec l'abondance, dîne
avec la pauvreté et soupe avec la honte.

Le déjeuner, le dîner, le souper marquent les étapes
principales de la journée, et, par extension, celles de
la vie : la jeunesse, l'âge mûr, la vieillesse. L'abondance, la pauvreté, la honte, désignent les états corres-
pondants de l'existence de l'orgueilleux.
Ces termes : abondance, pauvreté, sont pris au figuré et
indiquent, d'une façon générale, que l'orgueilleux
finit par la confusion, et peut-être par la ruine.

356. — **Il y a une tristesse** qui vient de mal vivre;
elle trace sur les visages pâles et tirés une monotone
et lamentable histoire.

Vous êtes tristes parce que vous n'avez pas respecté les sources de la vie. Un parasite vous ronge, un vice se nourrit sur les racines de votre existence, il prospère et vous diminuez.

Partout où cette tristesse apparaît, elle révèle un mal caché. Quelque chose manque ou cloche là-bas au plus profond de l'être. La vie méconnue, souillée, troublée, saigne de mille blessures, et la joie ne peut plus exister.

C. Wagner.

357. — Les nuages.

Savez-vous, ô blancs nuages
Qui dans l'air toujours roulez,
Le vrai but de vos voyages ?
Savez-vous, ô blancs nuages,
Savez-vous où vous allez ?

Voyageurs des lieux sublimes (1),
Etrangers aux maux humains,
Par les airs, ces grands abîmes,
Voyageurs des lieux sublimes,
Qui vous montre les chemins ?

Dans son large et bleu domaine,
Dans les vastes champs des cieux,
C'est la main de Dieu qui mène
Dans son large et bleu domaine
Votre chœur silencieux.

(1) Élevés.

L'homme aussi n'est qu'un nuage,
Il ne brille qu'un matin.
Votre vie est un voyage,
L'homme aussi n'est qu'un nuage
Dont Dieu sait le but lointain.

Van Hasselt.

358. — **De même que l'or** est éprouvé dans le feu, les hommes sont éprouvés dans les fournaises de l'affliction.

(*La Bible.*)

En subissant l'épreuve dite « du feu », le métal précieux se dégage desmatières étrangères et sort brillant du creuset, or pur sur la qualité duquel aucune erreur n'est plus possible.

Comment reconnaîtrait-on chez un homme les vertus les plus difficiles si aucune épreuve ne les avait mises en évidence ?

A-t-il su lutter pour une belle cause ? prendre noblement son parti de l'ingratitude et de l'injustice ? Comment a-t-il enduré le deuil, les revers, la maladie ?

Voilà, en effet, les fournaises de l'affliction ; nul ne peut se dire solide et résistant, nul ne se connaît soi-même s'il n'y a passé.

359. — **Alléguer** les mauvaises actions d'autrui pour justifier les siennes, c'est croire se laver avec de la boue.

Petit-Senn.

Il faudrait avoir bien peu le sens de la propreté pour vouloir se laver avec de la boue. C'est un nettoyage analogue qu'essaie de faire celui qui cherche à excuser ses indélicatesses, ses défauts et ses souillures par les vices et les mauvaises actions d'autrui.

**

360. — **Le travail** est la sentinelle de la vertu.

***

La sentinelle veille et signale le moindre danger ; sa propre sécurité dépend de sa vigilance,
Ainsi le travail énergique et consciencieux protège celui qui s'y livre contre une foule d'ennemis qui guettent sa vertu et son honneur !
Rien ne nous garde des mauvais entraînements, des pensées coupables, des faillites morales comme de bonnes habitudes de travail. L'activité du corps et de l'esprit est une garantie, le labeur quotidien est une sauvegarde.

**

361. — **La revendication** (1) de nos droits reste ouverte à tous et à chacun ..

(*Déclaration de Bordeaux.*)

En 1871, l'Assemblée nationale, réunie à Bordeaux, s'est vue dans la douloureuse nécessité de céder à la force et d'abandonner à un vainqueur impitoyable une partie de la France, française par excellence.
Strasbourg avait délégué, entre autres, à cette Assemblée le grand patriote Gambetta. La délégation, au nom des populations d'Alsace-Lorraine, fit entendre une émouvante protestation d'où sont extraites les lignes qui précèdent.
Cette parole doit se transmettre d'une génération à l'autre, nous rappeler à tous et à chacun notre devoir de Français, relever notre courage, ranimer nos espérances. Tôt ou tard le vainqueur de 1871 sera amené à écouter la voix de la justice et de l'humanité.

**

(1) Réclamation énergique et justifiée.

362. — **Le livre** est, après la pensée, la chose la plus intime de la vie ; c'est-à-dire ce qu'il y a de pire s'il ne vaut rien, ce qu'il y a de meilleur s'il est bon.

P.-J. Stahl.

Il en est des livres comme des amis: ils peuvent nous faire ou beaucoup de bien ou beaucoup de mal ; il faut donc les choisir avec soin.

S'ils sont bons, ils nous font faire de salutaires réflexions, entretiennent en nous de bonnes pensées, de nobles sentiments, et nous encouragent à tenir une conduite digne et honorable. Les mauvais (et il y en a tant de mauvais, hélas !) sont un poison dont on meurt le plus souvent.

Que d'êtres vicieux et criminels desquels on peut dire : ce sont les mauvaises lectures qui les ont égarés et perdus. C'est plus fréquent qu'on ne le pense ! Gardez-vous donc comme de la peste de cette littérature malpropre, corruptrice, qui excite les plus mauvais instincts et les plus grossiers appétits.

363. — **Toujours tout droit.**

Maxime d'autant plus énergique qu'elle est plus brève ! Le chemin droit, c'est celui du devoir et de l'honneur. Ne le quittez pas, car vous risquez fort de n'y plus revenir.

364. — **L'intelligence** contracte, comme le corps, l'habitude de la tenue.

O. Gréard.

On contracte de bonnes habitudes aussi bien que de mauvaises. Si vous habituez votre corps à bien se

tenir, cela ira tout seul! et votre santé générale y ga-
gnera plus que vous ne pensez.

Il en est de même de l'intelligence. Si vous la disciplï-
nez, si vous l'exercez régulièrement, si vous l'habituez
à être souple, éveillée, active, elle se développera toujours davantage et deviendra une force vive. Vous
vous préparerez ainsi de nobles jouissances et vous
disposerez d'immenses ressources pour le bien de la
société et de la patrie.

*
* *

365. — **Si vous savez** ces choses, vous êtes heureux, pourvu que vous les pratiquiez.

(La Bible.)

Il ne suffit pas de savoir une règle de grammaire, le
principal est de bien l'appliquer. Il en est de même de
tout ce que l'on apprend.

Mais combien cette recommandation est importante quand
il s'agit du bien et du mal! Que sert-il de savoir qu'il
est honteux de mentir, de tromper, d'être paresseux,
médisant, etc., si l'on ne s'efforce pas dans la vie
de combattre et d'éviter ces défauts? Nous sentons,
nous savons ce qui est bien et ce qui est mal, mais
nous ne sommes heureux que si, chaque jour, nous
luttons contre le mal et si nous nous appliquons au
bien.

Il ne suffit pas de dire : je sais, je sens, je comprends,
il faut des actes, et non des paroles.

FIN.

TABLE ANALYTIQUE

Les chiffres indiquent les numéros des pensées et maximes

15, rue Jean-Baptiste Colbert
ZI Caen Nord - BP 6042
14062 CAEN CEDEX
Tél. 31.46.15.00
RCS Caen B 352491922

Film exécuté en 1992